L'année

Place Royale

Les auteurs tiennent tout particulièrement
à remercier, pour leur aide précieuse,
Emmanuel Mestag et Michelle Poskin.

L'Année Place Royale
Anne Quevrin et Dominique Henrotte

DIRECTRICE DE COLLECTION : Anne Quevrin

COUVERTURE ET MISE EN PAGE INTÉRIEURE
Aplanos, Bruxelles

IMPRIMERIE
Grenz-echo, Eupen

ISBN : 2-87415-517-9
DÉPÔT LÉGAL : D/2005/6840/47

L'ANNÉE
Place Royale

ANNE QUEVRIN
DOMINIQUE HENROTTE

COLLECTION DIRIGÉE PAR
ANNE QUEVRIN

RTL Editions

Avant-propos

DOUZE MOIS dans l'histoire d'une monarchie, cela peut paraître dérisoire ! Douze mois d'une histoire qui se mesure souvent à l'aune des siècles. On comprendra dès lors toute la modestie de notre propos.
Et pourtant, résumer en un peu moins de 150 pages une année royale n'est pas chose si aisée. Car les activités des souverains de notre planète se confondent souvent avec l'actualité tout court. Une actualité multiple, particulièrement riche en événements tragiques ces douze derniers mois, de l'effroyable tsunami du 26 décembre 2004 aux non moins terribles attentats de Londres, le 7 juillet dernier. À chaque fois, les monarques se sont fait l'expression, par le verbe ou par le geste, de toute la compassion, voire de l'indignation ressentie par leur peuple tout entier.

Mais l'année qui s'achève ne laissera pas que des mauvais souvenirs. On en voudra pour preuve les multiples naissances en vue dans les cours d'Europe. Cinq princesses héritières ont, ou vont accoucher en l'espace de quelques mois. En cette année 2005, le terme de baby-boom princier n'est donc pas usurpé. À Maxima des Pays-Bas, qui a déjà donné le jour fin juin à une petite Alexia, viendront très vite s'ajouter, Mathilde de Belgique, Mary de Danemark, Letizia d'Espagne et Mette-Marit de Norvège. Étonnante conjonction d'accouchements pour des jeunes princesses qui se connaissent bien, et qui seront toutes, un jour, les épouses d'un roi. Aussi étonnante que l'annonce de jumeaux à venir chez le prince Laurent de Belgique et la princesse Claire.

Car la roue du temps finit toujours par tourner, même dans les monarchies. On les croyait éternels et pourtant, ils nous ont bien quittés, en cette année 2005. À Monaco, le vieux lion a perdu son dernier combat : Rainier III disparaît, vaincu par la maladie. Mais les traces de son règne resteront encore visibles pendant des décennies. En Arabie saoudite, Abdallah succède au roi Fahd, souffrant lui aussi depuis plusieurs années.

En Belgique et au Grand-Duché, on s'est ému de la disparition de la grande-duchesse Joséphine-Charlotte, la sœur aînée de Baudouin et d'Albert II. Aux Pays-Bas, on a pleuré le prince Bernhard, 93 ans, père de la reine Beatrix et infatigable ambassadeur de son pays. Sans parler d'un

autre souverain, pontife, celui-là, dont les funérailles ont attiré bon nombre de têtes couronnées, sur la place Saint-Pierre à Rome.

2005 : année du souvenir aussi. Toujours ce temps qui passe ! Soixante ans déjà qu'on libérait Auschwitz, dans la neige et le froid, un 27 janvier, révélant au grand jour l'horreur des camps nazis. Soixante ans déjà que prenait fin officiellement chez nous la Deuxième Guerre mondiale, ce fameux 8 mai, jour de la victoire. Autant de célébrations auxquelles, ici encore, de nombreuses familles royales ont tenu à assister. Parce que le temps passe vite, que les mémoires jaunissent, et que plus que nombre d'entre nous, les souverains régnants se sentent investis de ce devoir de mémoire cher à nos anciens.

Une constante, dans cette année qui s'achève : nos rois et reines, princes et princesses voyagent de plus en plus, peut-être aussi de mieux en mieux. Serait-ce un effet de la mondialisation ? Il faut être partout à la fois, pour défendre l'image du pays, conquérir de nouveaux marchés sur des terrains prometteurs. Ici aussi les familles royales ont un rôle à jouer, et tous les chefs d'État et de gouvernement le savent. Exemple le plus frappant : la Chine, où le prince Philippe de Belgique emmène une mission économique en novembre 2004, sept mois seulement avant que son père le roi Albert II ne débarque en visite d'État à Pékin avec une imposante délégation économique et scientifique.

En Belgique, cette année aura surtout été marquée par les nombreuses festivités entourant les 175 ans de l'État et les 25 ans du fédéralisme. Avec en filigrane, la présence continue de la famille royale, plus que jamais nécessaire au maintien de l'unité du pays.

Voilà quelques-uns des faits marquants de cette nouvelle « Année Place Royale », deuxième du nom. Loin de nous la volonté d'être exhaustif, de relater l'intégralité des activités officielles ou familiales des monarques qui nous gouvernent. Cela tiendrait de la gageure. Mais, comme lors de la précédente édition, le lecteur revivra à travers cet ouvrage et les nombreuses photos qui l'illustrent, l'essentiel des sujets abordés, semaine après semaine, dans l'émission « Place Royale », sur RTL-Tvi, prolongés parfois même par certaines images inédites.

Alors, prêts à feuilleter ce nouvel album de famille de nos monarchies ?

BONNE LECTURE.

LES AUTEURS

Septembre

TRADITIONNELLEMENT dans les différents royaumes, les photographes ne ratent pas la rentrée des petits princes qui retrouvent comme tous les enfants le chemin de l'école.

De ce mois de septembre 2004 on gardera surtout l'image de la princesse Élisabeth, bientôt trois ans, avec son sac à dos rouge. Entourée par le prince Philippe et la princesse Mathilde, elle faisait sa première rentrée des classes en maternelle dans une école flamande de Bruxelles. A la demande de ses parents, la petite fille, qui sera un jour la première reine des Belges, ne bénéficiera d'aucun encadrement particulier.

Rentrée aussi pour le prince Amedeo, le fils aîné de la princesse Astrid, qui après un entraînement au camp d'Elsenborn, a reçu son béret bleu comme tous les élèves officiers de la promotion 2005 de l'École royale militaire.

Quant à la reine Paola, après des vacances bien méritées, elle a placé cette rentrée sous le signe du cœur en recevant une cinquantaine d'enfants atteints de maladies graves, lors d'un immense goûter au château de Laeken.

Un mois de septembre placé aussi sous le signe du cœur au Royaume-Uni où le prince Harry, fils cadet du prince Charles, est devenu entraîneur de rugby durant six semaines, pour des enfants défavorisés.

Bien plus loin, la rentrée au sultanat de Brunei, se fera en grande pompe. Le prince héritier le plus riche du monde doit en effet épouser une jeune fille de dix-sept ans dans un faste inouï.

Au sultanat de Brunei, le prince héritier se marie avec Dayanku Sarah, une jeune fille de dix-sept ans.

La princesse Élisabeth découvre les joies de l'école

PETITE ROBE ROSE, chandail blanc boutonné jusqu'au col, et petite pince assortie dans de fins cheveux blonds : à la descente du van conduit par son père le prince Philippe, la future reine des Belges apparaît peu intimidée, au moment de gagner le porche de l'école Sint-Jan Berchmans, une école fondamentale néerlandophone proche du quartier des Marolles à Bruxelles. Face à elle, pourtant, sept caméras et une demi-douzaine de photographes, prêts à immortaliser l'événement ! Mais Élisabeth était au courant. Ses parents l'avaient préparée à ce qui allait arriver…

Élisabeth entre ainsi en première maternelle dans la classe de *« Juffrouw Iris »*. A bientôt trois ans, elle entame donc son cursus scolaire, comme n'importe quel autre enfant de son âge. Ses études maternelles, elle les vivra en langue néerlandaise, comme ce fut déjà le cas pour les enfants de la princesse Astrid.

Les ducs de Brabant seront les derniers à quitter l'école ce matin-là. A la sortie, entourés par une nuée de micros et de caméras, ils confient leurs premières impressions : *« Elle n'a pas pleuré ! »*, s'exclame un prince Philippe très fier de sa fille. *« Moi, par contre, si ! »*, ajoute la princesse Mathilde en écrasant une dernière larme.

Quand *«Place Royale»* fête ses dix ans d'existence...

LE 14 SEPTEMBRE, l'émission « *Place Royale* » fête son dixième anniversaire dans le cadre prestigieux du château de La Hulpe, en Brabant wallon. Une réception très réussie, à laquelle participent notamment le prince Laurent et la princesse Alexandre, mais aussi les nombreux châtelains qui ont ouvert leurs portes à l'équipe de *Place Royale* tout au long de ces dix années.

1. L'archiduc et l'archiduchesse Rodolphe d'Autriche accueillis par Anne Quevrin et Philippe Delusinne (administrateur délégué de RTL-TVi).
2. S.A.R. le prince Laurent de Belgique.
3. Toute l'équipe de « Place Royale » souffle les bougies.
4. La princesse Alexandre de Belgique, Marlène de Wouters et Edouard Vermeulen.
5. Les princesses de Chimay.

Les ducs de Brabant encouragent les jumelages entre le nord et le sud du pays

KAPRIJKE, petit village entre Bruges et Gand, et Sambreville, commune située entre Namur et Charleroi, ont décidé il y a quelques mois de signer une charte d'amitié : un jumelage à la fois culturel, économique, social et touristique. A l'heure où d'aucuns mettent davantage l'accent sur ce qui sépare les Belges que sur ce qui les unit, la famille royale ne pouvait qu'encourager cette initiative. Le prince Philippe et la princesse Mathilde assistent cet après-midi-là à un concert de l'orchestre royal de Wallonie, dans l'église de Kaprijke. Ils prennent ensuite un bain de foule rythmé par les groupes folkloriques de Sambreville, gilles et autres macrâles. Le soleil et la bonne humeur ambiante ajouteront des couleurs à ces festivités.

La princesse Mathilde s'engage contre le cancer du sein

A DEUX PAS DU PALAIS ROYAL de Bruxelles, c'est un palais des Académies éclairé en rose qui accueille la princesse Mathilde pour la remise des *« Europa Donna Awards »*. Rose, comme le ruban que la duchesse de Brabant arbore à la boutonnière, en guise de symbole de la lutte contre le cancer du sein. Au-delà des prix décernés, Mathilde de Belgique prononce surtout un discours très engagé. Elle y dit avec force combien, en tant que femme, elle se sent concernée par le cancer du sein. Mais ce soir-là, elle lance un appel à toutes les femmes belges pour qu'elles pratiquent un dépistage régulier de ce type de cancer. Parce que prévenir, c'est aussi guérir !

Vernissage de l'expo Dali au château du Rœulx

« LE SURRÉALISME, C'EST MOI ! » : Salvador Dali était non seulement un artiste de génie, mais il avait en plus l'art… des formules qui font mouche. Dans le parc et l'orangerie du château des princes de Cröy, au Rœulx, près de Mons, le prince Philippe et la princesse Mathilde peuvent s'en inspirer. Ils assistent au vernissage de la plus grande exposition jamais consacrée aux sculptures et objets du génie de Cadaquès. Les ducs de Brabant sont séduits par l'humour et la folie de Dali. Le surréalisme est aussi… une valeur sûre de notre royaume !

Le prince Amedeo reçoit son béret bleu

Amedeo

EN PRÉSENCE DE SON PÈRE, le prince Lorenz, le prince Amedeo a reçu son béret bleu après cinq semaines d'entraînement au camp d'Elsenborn, comme tous les élèves officiers de la promotion 2005 de l'École royale militaire. Après avoir effectué des études secondaires en néerlandais, puis en anglais au Royaume-Uni, le petit-fils aîné des souverains suit donc la tradition de ses ancêtres.

Paola

La reine Paola offre un goûter

A L'OCCASION de la rentrée scolaire, la reine Paola avait convié une cinquantaine d'enfants atteints de maladies graves à un immense goûter au château de Laeken. Attentive, la reine a dialogué avec ses invités, âgés de trois à dix-huit ans. Elle avait aussi veillé aux moindres détails de la fête. Elle a elle-même reconduit les enfants auprès de leurs parents qui les attendaient dans les serres. Une manière d'encourager ces personnes souvent très démunies devant la douleur de leurs enfants. Un réel moment de tendresse et d'émotion pour la reine qui avait accepté, exceptionnellement, la présence des objectifs des photographes et des cameramen.

Baptême de la princesse Louise

C'EST EN BORDURE de la forêt de Soignes, à La Hulpe, que le prince Laurent et la princesse Claire ont choisi de faire baptiser leur petite Louise le dimanche 5 septembre. Ils ne pouvaient confier ce soin qu'au père Guy Gilbert, le curé des loubards, qui les avait mariés un an et demi plus tôt. La cérémonie s'est déroulée dans une stricte intimité, en pleine nature, en présence de leurs deux familles mais aussi de quelques amis et bien sûr des deux marraines de Louise : la princesse Margaretha de Liechtenstein et Mme Jacques Solvay de La Hulpe. Sans avoir choisi officiellement un parrain pour leur fille, le prince Laurent et la princesse Claire lui ont choisi un parrain de cœur, un de leurs amis, Reza Pahlavi, le fils aîné du dernier Shah d'Iran, qui n'assistait pas à la fête familiale.

Un roi de cœur chez Roularta

TOUJOURS BRANCHÉ sur l'actualité dans le monde des médias, le roi Albert II se rend au siège du groupe de presse Roularta, près de Bruxelles. Roularta fête ses cinquante ans d'existence. Après une réunion de travail sur l'image de la multiculturalité dans les médias, le roi visite les différentes rédactions du groupe. Et quand on lui fait remarquer qu'il y a beaucoup de choses à dire sur la royauté dans les médias, le souverain répond malicieusement *« à dire... et à ne pas dire ! »* Croqué par le dessinateur de *Trends*, le roi recevra, en quittant les lieux, une carte à jouer géante à son effigie. Un roi de cœur. Un atout qui lui va si bien !

28e Mémorial Ivo Van Damme

CINQ JOURS après la fin des Jeux olympiques d'Athènes, auxquels il a assisté avec son épouse pour encourager les athlètes belges, le prince Philippe est l'un des 47 000 spectateurs attentifs de la grand-messe de l'athlétisme, sur le site du Heysel, à Bruxelles. Il y reçoit en cadeau les chaussures de course d'Hicham El Guerrouj. Le double champion olympique marocain des 1 500 et 5 000 m les lui apporte en personne dans la tribune d'honneur. Mais surtout, le prince vibre aux exploits des stars de la piste et il félicite chaleureusement les lauréats, dont la Belge Kim Gevaert, victorieuse du 200 m.

Faste digne des 1001 nuits pour le mariage du prince héritier de Brunei

DANS LA SALLE DU TRÔNE du palais royal de Darussalam, le 9 septembre, les mille invités ne voient que Dayanku Sarah, une jeune fille de dix-sept ans transformée en princesse des Mille et Une Nuits. Elle monte lentement vers le dais des sultans de Brunei pour épouser le prince héritier Haji Al-Muhtadee Billah. La futur bru du sultan de Brunei, l'homme le plus riche du monde, paraît irréelle. Vêtue d'une robe de soie bleu saphir, elle est coiffée d'un diadème de diamants qui retient un voile frangé d'or et de diamants. Dans ses mains jointes, Dayanku Sarah tient un incroyable bouquet de mariée. Les fleurs en sont d'or et de diamants. Quelques instants plus tard, son futur époux la rejoint sous le dais, ceint d'une ceinture d'or. Il a passé le kriss de cérémonie et porte la couronne d'or incrustée d'émeraudes, de diamants et de rubis des époux royaux. Le sultan prend alors la main droite de son fils et l'élève au-dessus de la tête de Dayanku Sarah en geste de protection et de consentement. Désormais, le prince héritier de Brunei est marié et à l'extérieur, dix-neuf coups de canon retentissent. Les cérémonies ont débuté deux semaines auparavant, elles ont lié les futurs mariés chaque jour davantage dans un rituel subtil. Devant le palais, un quart de la population s'est rassemblé pour tenter d'apercevoir les jeunes mariés qui défileront dans une Rolls-Royce, devenue carrosse et palanquin à la fois avec pare-chocs et jantes en or.

Séparation à la Cour du Danemark

LE PALAIS ROYAL de Copenhague a annoncé officiellement la séparation du prince Joachim, âgé de 35 ans, et de la princesse Alexandra âgée de 40 ans. Le fils cadet de la reine Margrethe II du Danemark et Alexandra Manley, originaire de Hong Kong, s'étaient mariés le 18 novembre 1995. Très populaire dans son pays d'adoption, la princesse Alexandra a donné deux fils à son époux : les princes Nikolaï et Félix.

Les grands-ducs du Luxembourg à Venise

LE GRAND-DUC et la grande-duchesse Maria Teresa se sont rendus en Italie au célèbre festival de cinéma, la Mostra de Venise. Ils sont venus y défendre deux productions luxembourgeoises tournées principalement au Grand-Duché : le *Marchand de Venise*, adaptation de la comédie du même nom de Shakespeare et le long métrage belge, *la Femme de Gilles*.

Sacré professeur Harry

PENDANT SIX SEMAINES, le prince Harry a sillonné le Royaume-Uni pour entraîner de jeunes enfants au rugby, son sport favori. Le fils cadet du prince Charles s'est en effet engagé dans une opération de la Fédération anglaise de Rugby, visant à promouvoir ce sport dans les écoles, les clubs et les associations des quartiers défavorisés de son pays. Formé sur les terrains du collège d'Eton, le prince terrible deviendra coach à raison d'une à trois séances d'entraînement par jour. Bien loin de l'image du prince dissipé et play-boy !

La princesse Masako réapparaît en public

LA PRINCESSE MASAKO semble enfin entrevoir le bout d'un tunnel bien sombre, au pays du soleil levant : celui d'une dépression qui l'a écartée durant de nombreux mois de la vie publique japonaise. Un mois avant son quarantième anniversaire, l'épouse du prince héritier Naruhito réapparaît à ses côtés. Ils débarquent ensemble d'un train qui les ramène à Tokyo, après dix jours en famille à la montagne, avec la petite princesse Aïko.

La reine Sofia encourage les athlètes aux «Paralympics 2004»

COMME DE NOMBREUSES autres têtes couronnées, la reine d'Espagne retourne en cette fin du mois de septembre à Athènes, dans son pays natal. Sofia d'Espagne vient soutenir les athlètes de son pays, en compagnie de sa fille aînée, l'infante Elena. Avec une petite pensée aussi pour les athlètes grecs, bien entendu ! Entourée par ces athlètes handicapés dont elle admire la détermination et le courage, la reine accepte même de répondre aux questions de la télévision espagnole. C'est dire combien elle a été emportée par l'esprit de ces Jeux !

Octobre

C'EST L'ÉVÉNEMENT de ce mois d'octobre ! Pour la première fois depuis le début de leur règne, en 1993, le roi Albert II et la reine Paola s'envolent en visite d'État hors du continent européen, direction : le Maroc ! Et ce n'est pas un hasard s'ils ont choisi, pour ce périple plus lointain, de répondre à l'invitation du roi du Maroc. Les deux pays fêtent en effet cette année les quarante ans de l'immigration marocaine en Belgique : plus d'un demi-million de personnes d'origine marocaine vivent aujourd'hui dans notre pays.

Jamais une visite d'État ne s'était déroulée sur un tel rythme d'enfer ! En trois jours, de Fez à Agadir, en passant par Rabat, Casablanca et Ouarzazate, Albert II et Paola enchaînent les déplacements à toute allure. Le mausolée du roi Mohammed V, où repose également le roi Hassan II, la Grande Mosquée de Casablanca, et son minaret de 200 m de haut, véritable phare de l'Islam tourné vers l'Atlantique, sont autant de lieux-symboles du Maroc, incontournables pour nos souverains.

Mais le roi et la reine ne sont pas les seuls à se rendre en Afrique du Nord, en ce mois d'octobre : le prince Philippe emmène, sans son épouse, une mission économique en Algérie et en Tunisie. La princesse Mathilde sera bien là, en revanche, pour accueillir à Bruxelles le président polonais Alexander Kwasniewski, en visite d'État dans notre pays. Une visite qui rappellera à la princesse ses origines polonaises.

Le roi Albert II, lors de sa visite d'État au Maroc, salue la foule en compagnie du roi Mohammed VI.

Visite d'État des souverains au Maroc

C'EST LE ROI MOHAMMED VI en personne qui accueille nos souverains à l'aéroport de Fez, l'une des villes impériales du Maroc. A ses côtés, son épouse la princesse Lalla Salma : une telle présence eût été impensable à l'époque du roi Hassan II !

Tout au long des douze kilomètres qui les séparent du centre-ville, les deux rois, debout dans une limousine d'apparat, saluent les dizaines de milliers de Marocains qui les acclament. *« Vive Sidi Mohammed, vive Albert II ! »*

La visite de la médina de Fez, quartier populaire par excellence, classée au patrimoine de l'Unesco, impressionnera particulièrement les souverains. Dans cet entrelacs de ruelles et de monuments, Albert II et Paola plongent véritablement au cœur de l'âme marocaine. Partout l'accueil est chaleureux. Le soir, le dîner de gala au palais de Fez est digne des contes des Mille et Une Nuits. Un patio de style arabo-andalou, cinquante tables rondes, quatre cents invités, et un menu de sept couverts alliant le couscous aux raisins secs et le lait caillé à la fleur d'oranger. Respect du Coran oblige, c'est à l'eau plate que les convives trinqueront ce soir-là !

Outre les aspects économiques, toujours essentiels dans ce genre de voyage, les souverains accorderont également une grande place au statut de la femme marocaine, en pleine évolution sous le règne de Mohammed VI. En compagnie de Lalla Salma, la reine visite un lieu d'accueil et de réinsertion sociale pour mères célibataires à Casablanca. Avec le roi, elle inaugure un centre d'émancipation des femmes rurales, dans la Kasbah de Ouarzazate.

En apothéose de cette visite : le dîner offert aux souverains, en pleine montagne, par le gouverneur de Ouarzazate. A 1 200 m d'altitude, sur un plateau rocheux dominant un lac de barrage, que l'on devine à peine dans l'obscurité, les danses et les chants traditionnels berbères donnent à ce repas dégusté sous les caïdales, les tentes des hommes du désert, tout le dépaysement et l'ambiance féerique du grand sud marocain. Émerveillement garanti !

Enfants

La princesse Mathilde s'engage pour la cause des enfants

SCOLARISER QUELQUE 150 000 enfants au Congo, au Niger et en Roumanie : c'est, en cette fin d'année, l'objectif ambitieux de la nouvelle campagne de l'Unicef *« L'école, mon droit »*. En tant que marraine de l'opération, la princesse Mathilde assiste à son lancement officiel, à l'hôtel de ville de Bruxelles. En présence d'autres ambassadeurs de l'Unicef, tels les chanteurs Helmut Lotti et Kadja Nin, la duchesse de Brabant participe ensuite, avec cinq cents enfants, à un gigantesque lâcher de ballons sur la Grand-Place de Bruxelles. Un véritable symbole d'espoir en un monde meilleur, où tous les enfants pourraient avoir accès à l'école.

Le prince Philippe préside une mission économique en Algérie et en Tunisie

DURANT UNE SEMAINE, le prince Philippe et le ministre fédéral du Commerce extérieur ont mené une mission économique de 215 personnes en Algérie et en Tunisie. Dès leur arrivée à Alger, ils ont été reçus par le président algérien Abdelaziz Bouteflika. La rencontre durera près de quatre heures. Durant son séjour en Algérie, le duc de Brabant présidera beaucoup de signatures, dont celle d'un contrat portant sur la livraison d'une centaine d'autobus de la société belge Van Hool à l'entreprise de transports urbains d'Alger. La délégation belge se rendra aussi à 40 km d'Oran dans la zone industrielle d'Arzew pour y visiter le gigantesque complexe gazier et pétrochimique de la Sonatrach, troisième exportateur de gaz au monde. L'occasion aussi d'aborder l'avenir du contrat qui lie cette entreprise et Distrigaz, et qui doit prendre fin en septembre 2006.

C'est donc en Tunisie que le prince Philippe et toute la délégation belge ont poursuivi cette mission commerciale. Après la signature de deux traités, le premier ministre Mohammed Ghannouchi offrira à son hôte une copie d'un traité historique signé par le roi Léopold Ier et le souverain tunisien de l'époque en 1938. Ce jour-là, le prince visitera les thermes d'Antonin à Carthage, l'une des plus glorieuses cités de l'Antiquité, fondée par les Phéniciens et reconstruite par les Romains pour devenir l'une des plus brillantes capitales de leur empire.
Mais le prince Philippe passera surtout son temps dans différentes entreprises, notamment au centre de formation de la Société nationale des transports tunisiens où il prendra place dans un simulateur de conduite de bus créé par la société namuroise Virtual Technologies. Une expérience qu'il rêve de recommencer avec son fils, le prince Gabriel !

Les athlètes belges des Jeux reçus au palais

C'EST UNE TRADITION après chaque olympiade : la famille royale reçoit au château de Laeken tous les athlètes qui ont participé aux Jeux. Et même si Athènes 2004 laissera au sport belge un goût de trop peu, avec seulement trois médailles glanées en Grèce dans les disciplines olympiques, les ducs de Brabant auront toutefois l'opportunité d'admirer en vrai la médaille d'or de Justine Henin-Hardenne. Ils n'avaient pu féliciter sur place, à Athènes, la lauréate du tournoi de tennis féminin.

Le président polonais en visite d'État en Belgique

COMME LE VEUT LE PROTOCOLE, ce sont les ducs de Brabant qui accueillent le président polonais Alexander Kwasniewski et son épouse Yolanta, ce 26 octobre, à l'aéroport de Melsbroek. Membre de l'Otan, et depuis quelques mois de l'Union européenne, la Pologne est aujourd'hui un pays incontournable dans le contexte de l'élargissement de l'Europe.

Après une visite de la reine en compagnie de Mme Kwasniewska à Child Focus, le centre européen des enfants disparus, le dîner de gala au château de Laeken réunit le premier soir quelque 140 invités. Au menu de ce dîner de gala, entre autres : *filet de chevreuil et vin de graves, cuvée 1995*. Le lendemain, le roi et la reine accompagnent le président polonais et son épouse à Liège. De nombreux Polonais d'origine ont élu domicile dans la province. Le roi et son hôte visitent le centre spatial de Liège. La reine emmène l'épouse du président à la découverte des ateliers du Val Saint-Lambert. Les souverains retrouvent le président et son épouse à Diest, dans le Brabant flamand, à l'heure du déjeuner. Dernière étape commune : le cimetière militaire polonais de Lommel, hommage aux nombreux soldats de ce pays morts sur le sol belge pour nous libérer de l'envahisseur nazi.

Automne

Traditionnel concert d'automne

APRÈS UN DÉPLACEMENT en hélicoptère jusqu'au port d'Anvers, où il a visité, en plein vent, le chantier des nouveaux docks, le roi regagne le palais de Bruxelles pour assister, avec l'ensemble de la famille royale, au traditionnel concert d'automne. Un concert qui met à l'honneur cette année le monde de la musique belge, et au cours duquel on aura surtout l'occasion d'admirer les nouvelles coiffures des princesses Mathilde et Astrid.

Le prince Laurent fêté à l'occasion de ses 41 ans

LE 19 OCTOBRE, le prince Laurent est à Gand pour l'ouverture du salon IFEST, consacré à l'environnement. Il y reçoit en cadeau, pour son 41e anniversaire, une éolienne en bois qui fonctionne à l'énergie solaire : quel cadeau plus symbolique que celui-là, pour un prince toujours prêt à défendre l'avenir de notre planète et encourager son développement durable, selon la règle des trois E : écologie, économie, et équité sociale ! les trois étant immanquablement liés, voire indissociables, dans sa vision de la société.

Béatification du dernier empereur d'Autriche

« Que l'empereur Charles soit un exemple, en particulier pour ceux qui exercent des responsabilités politiques aujourd'hui en Europe. »

SUR LA PLACE SAINT-PIERRE de Rome noire de monde, le pape Jean-Paul II a béatifié, parmi d'autre bienheureux, Charles Ier le dernier empereur d'Autriche. Dans l'assemblée, les nombreux descendants de la famille Habsbourg parmi lesquelles les quatre enfants vivants de l'ex-empereur : les archiducs Otto, Rodolphe, Charles-Louis et Félix mais aussi ses douze petits-enfants dont le prince Lorenz. Celui-ci était accompagné de son épouse, la princesse Astrid et de quatre de leurs enfants. Beaucoup d'autres personnalités du Gotha étaient présentes, notamment la reine Fabiola tout de blanc vêtue, privilège des reines catholiques.

« Que l'empereur Charles soit un exemple, en particulier pour ceux qui exercent des responsabilités politiques aujourd'hui en Europe », dira dans son homélie le pape Jean-Paul II, qui décrira le nouveau bienheureux comme *« un ami de la paix »*.

La princesse Caroline aux Philippines

EN CETTE FIN OCTOBRE, la princesse Caroline surprend… Loin des strass du rocher, la fille aînée du prince Rainier se rend là où on ne l'attendait pas forcément : dans les quartiers pauvres de Manille, aux Philippines ! Que ce soit dans les prisons pour jeunes, où les enfants des rues s'entassent à trente par cellule, ou dans cette association de jeunes filles-mères, victimes d'abus sexuels, la princesse Caroline partage la souffrance de chacun et tente d'intercéder auprès des autorités locales pour améliorer leur sort. A 47 ans, cette mère de quatre enfants nous montre alors une facette peu connue de sa personnalité. Caroline peut fondre en larmes devant la misère, comme lorsque des filles-mères de Manille interprètent une chanson à son intention. Mais elle se veut aussi combattante engagée pour les droits des enfants, notamment pour l'imprescriptibilité des crimes commis à leur encontre.

Le Cambodge salue l'intronisation d'un nouveau roi

LE FILS DE L'ANCIEN SOUVERAIN Norodom Sihanouk, Norodom Sihamoni, célibataire âgé de 52 ans, succède officiellement à son père au palais royal de Phnom Penh. Après une arrivée très remarquée en chaise à porteurs, le futur roi se plie aux rites bouddhiques et brahmaniques ancestraux. Le roi Sihanouk, qui abdique pour raisons de santé, verse de l'eau bénite sur la tête de son fils. 52 moines bénissent à leur tour le nouveau roi, dans la grande salle du trône. Ces festivités très colorées, comme toujours en Asie, s'achèvent par un superbe feu d'artifice au-dessus du palais royal.

Chapeau pour la reine Beatrix à Strasbourg

EUROPÉENNE CONVAINCUE, la reine des Pays-Bas tenait à exprimer ses convictions devant les députés européens réunis dans l'hémicycle de Strasbourg. Gardant un couvre-chef remarqué durant son discours, Beatrix rappelle que son engagement européen remonte à sa prime jeunesse. Elle exprime toute sa confiance dans l'avenir d'une Europe élargie à vingt-cinq et souhaite aux députés européens tout l'enthousiasme que l'Europe exige de nous aujourd'hui. Des députés européens qui lui tirent un grand coup… de chapeau !

Les grands-ducs de Luxembourg à Arlon

LE GRAND-DUC HENRI ET LA GRANDE-DUCHESSE MARIA TERESA ont effectué une visite d'amitié à Arlon, ville belge frontalière. Ils répondaient ainsi à une invitation des autorités communales. S'il pleuvait ce jour-là, les Arlonais ont réservé un accueil très chaleureux aux souverains luxembourgeois. Pendant que la grande-duchesse visitera une école communale, le grand-duc se rendra au camp militaire Lagland où il assistera à un entraînement des élèves de l'école de infanterie. Le couple grand-ducal terminera sa visite dans la crypte de la chapelle de l'abbaye de Clairefontaine. Ils ont en effet tenu à déposer des fleurs sur la tombe de la comtesse Ermesinde, fondatrice du Pays du Luxembourg.

La doyenne mondiale du gotha s'éteint le 29 octobre

SUR LES MARCHES de la chapelle Saint-Georges du château de Windsor, le visage fermé, la reine Elizabeth, le duc d'Edimbourg, le prince Charles et sa sœur la princesse Anne, regardent s'éloigner lentement le cercueil de leur aïeule, recouvert de roses crème, porté par des gardes écossais. Alice, duchesse douairière de Gloucester, avait 102 ans. La tante de la reine Elizabeth II s'est éteinte paisiblement, dans son sommeil. Elle n'était pas apparue en public depuis de nombreuses années, mais les Britanniques garderont en mémoire sa générosité, son sens de l'humour et son intérêt pour les gens, et en particulier pour les jeunes…

Elisabeth II au temple sikh

ACCOMPAGNÉE de son époux, le duc d'Edimbourg, Sa Très Gracieuse Majesté Elisabeth II a visité, en chaussettes comme il se doit, le temple sikh Gurdawara dans l'ouest de Londres. Pour preuve indiscutable du multiculturalisme du Royaume-Uni, la reine portait le voile. Quant au prince Philippe, il avait noué un foulard « *à la pirate* » sur sa tête.

Novembre

DE CE MOIS DE NOVEMBRE, on retiendra surtout deux discours : celui du prince Philippe à Shanghaï, en Chine, et celui de la princesse Mathilde à la tribune des Nations unies à New York. La duchesse de Brabant a en effet été choisie comme ambassadrice de l'année internationale du micro-crédit 2005. Très officiellement, elle s'est engagée à soutenir le micro-crédit qui est un des outils efficaces de réduction de la pauvreté. Un engagement que la princesse Mathilde n'a pas pris à la légère et qui déterminera au cours de l'année à venir ses nombreuses actions en Belgique mais aussi à l'étranger. Des États-Unis, la princesse Mathilde se rendra en Chine où elle rejoindra le prince Philippe qui y préside la plus grosse mission économique jamais organisée. Là, à Shanghaï, lors d'une soirée de gala fastueuse destinée à promouvoir la Belgique, le duc de Brabant prononcera un discours très ferme dans lequel il clamera son amour pour sa patrie et fera appel aux entités fédérées pour qu'elles rassemblent leurs forces en vue d'un commerce extérieur « *plus belge* ».

Si le Premier ministre Guy Verhofstadt soutiendra ce discours engagé du prince et se réjouira du succès de la mission économique, il n'en sera pas de même concernant les commentaires princiers, en privé, à un journaliste flamand. Le duc de Brabant se serait insurgé contre les partis qui, comme le Vlaams Belang, sont contre la Belgique. Des propos qui ont provoqué une véritable tempête politique dans le nord du pays. Si le Premier ministre estime qu'un prince doit faire, comme le veut la tradition, preuve de réserve dans les débats politiques, la réaction du Vlaams Belang a rendu une chose évidente pour Guy Verhofstadt : « *Ce mouvement souhaite la désintégration du pays et la démolition de nos institutions* ». Le débat a le mérite d'être lancé.

La princesse Mathilde et le prince Philippe en Chine, dans la Cité interdite.

Des Belges à l'honneur lors de la fête du roi

EN CE 15 NOVEMBRE, fête de la Saint-Albert, les membres de la famille royale, à l'exception des souverains, se retrouvent au Palais de la Nation, pour l'hommage du Parlement. Après les discours des présidents de la Chambre et du Sénat, le Premier ministre lance un vibrant plaidoyer pour une Belgique fédérale réunie autour de sa monarchie. Cette fête du roi, c'est aussi l'occasion de mettre à l'honneur plusieurs de nos compatriotes : Luc Trullemans, météorologue de renommée mondiale, et Robert Caillau, co-inventeur de l'Internet, au CERN, à Genève. Tous deux sont faits commandeurs de l'ordre de Léopold. Toujours ce 15 novembre, le couple royal remet à de nombreuses personnalités belges d'autres distinctions honorifiques lors d'une réception au château de Laeken. Parmi les lauréats : le chanteur Helmut Lotti, mais aussi deux judokas, Gella Vandecaveye et Ulla Werbroeck, ou encore l'écrivain Alain Berenboom et le comédien Pascal Duquenne.

La princesse Mathilde ambassadrice de l'année du micro-crédit

LA PRINCESSE MATHILDE a accepté d'être émissaire de l'Onu pour l'année internationale du micro-crédit, en 2005, s'affirmant ainsi de plus en plus sur la scène internationale. Elle retrouve à New York la princesse Maxima des Pays-Bas, nommée, dans ce contexte, conseillère de l'Onu pour sa connaissance du monde bancaire. Lors de l'ouverture officielle de cette année du micro-crédit, la duchesse de Brabant prononce un discours engagé devant des délégations du monde entier. Comme Maxima, Mathilde de Belgique croit dur comme fer dans la promotion de ce système de financement des initiatives privées dans les pays en voie de développement. En accordant des prêts minimes à des particuliers pour développer une activité économique, le micro-crédit contribue à éradiquer la pauvreté dans le tiers monde. La princesse nous le confiera un peu plus tard : c'est surtout l'aspect social du micro-crédit qui l'a séduite, et le fait que ce système permet plus spécifiquement aux femmes de sortir de la misère.

La princesse Astrid assiste à un exercice-catastrophe

PRÉSIDENTE de la Croix-Rouge, la princesse Astrid se rend au port d'Anvers pour se rendre compte de l'efficacité des secours en cas de catastrophe. L'exercice du jour : comment intervenir lors d'un accident entre un tracteur et un camion qui transporte des fûts de produits potentiellement toxiques ? Tout se déroule bien, mis à part un petit imprévu : sous les yeux de la princesse, des secouristes laissent tomber le blessé qu'ils emportaient sur une civière. Un blessé fictif, heureusement ! Plus de peur que de mal.

Quatre premières dames s'unissent pour la cause des enfants

EN CETTE FIN NOVEMBRE, la reine Paola organise à Bruxelles une journée internationale de travail pour faire progresser la lutte contre les disparitions et les abus sexuels sur les enfants. Un sujet qui lui tient particulièrement à cœur, elle qui assure la présidence d'honneur du centre Child Focus. Notre reine reçoit à déjeuner au château de Laeken la reine Sylvia de Suède et sa fille la princesse Victoria, ainsi que les épouses des présidents français et polonais, Bernadette Chirac et Yolanta Kwasniewska. Un déjeuner de travail où l'on évoque notamment la création d'un numéro d'appel commun aux neuf centres nationaux qui traitent, en Europe, des disparitions d'enfants. L'après-midi, au palais royal, une séance académique permet à différentes sommités internationales de faire le point sur la lutte contre ce fléau.

La princesse Astrid au Resto du cœur de Saint-Gilles

LE 30 NOVEMBRE, Astrid de Belgique, sénateur de droit, participe à une conférence de presse sur le thème de la lutte contre la pauvreté. Le lieu choisi est original : le Resto du cœur de Saint-Gilles, en Région bruxelloise. Mais avant cela, la fille du roi s'entretient longuement avec les plus démunis de la commune, qui viennent s'attabler pour le repas de midi. Chaleur, simplicité, sens du contact : la visite princière apporte un rayon de soleil bienvenu dans le quotidien souvent difficile des 150 personnes qui fréquentent l'établissement chaque jour, à l'approche de l'hiver. Depuis cinq ans, Astrid, que l'on appelle ici *« notre princesse »*, tente, en compagnie d'autres sénateurs, de faire bouger les choses sur le plan législatif. La pauvreté touche encore 8 % de la population belge. Pour Astrid, c'est beaucoup trop !

Les souverains en visite à Couvin

UN VÉRITABLE événement pour la petite cité du sud de la province de Namur, en ce mercredi 17 novembre : Couvin reçoit la visite d'un couple royal pour la première fois depuis un quart de siècle. Le roi et la reine sont accueillis par une foule nombreuse, dont la pluie ne refroidit pas l'enthousiasme. L'occasion pour Albert II de goûter une petite fine, l'alcool local, et de visiter les fonderies Saint-Roch, où il assiste notamment à la fonte d'une couronne. La reine Paola s'intéresse aux résidents et au personnel d'un foyer occupationnel pour handicapés mentaux adultes, l'Albatros, créé en 1973 pour les handicapés incapables de s'adapter au rythme des ateliers protégés.

« J'aime mon pays. La Belgique est comme un diamant.
Comme un diamant, elle n'a pas besoin d'être grande pour briller. »

LE PRINCE PHILIPPE

Le prince Philippe et la princesse Mathilde en Chine

C'EST À PÉKIN que la princesse Mathilde, en provenance de New York, a retrouvé le prince Philippe qui allait présider en Chine une mission commerciale d'une ampleur sans précédent. Cinq cents personnes représentant quelque deux cents entreprises et organismes belges les accompagnaient en espérant tirer profit de la success story de l'économie chinoise à Pékin, Shanghaï, Benbu, puis Guangzou (Canton). Les ducs de Brabant ont entamé très symboliquement leur semaine chinoise dans la Cité interdite. Mais cette petite heure de tourisme sera vite suivie par une ronde de contacts politiques et économiques pour le prince Philippe, et de nombreuses visites sociales pour la princesse Mathilde.

A Shanghaï, le New York asiatique et paradis des affaires, les ducs de Brabant assisteront au baptême d'un gigantesque cargo chargé de transporter de la houille et du minerai de fer. Après l'indispensable danse des lions qui porte bonheur, la princesse Mathilde lancera une bouteille contre la coque du *« Mineral Belgium »*. Mais on retiendra surtout le discours du prince Philippe lors de la soirée de gala pour la promotion de la Belgique. La soirée avait débuté par une interprétation de *« la Brabançonne »* en français et en flamand par une Chinoise accompagnée par le pianiste belge Jean-François Maljean. Un défilé de mode suivra pour mettre en valeur le savoir-faire belge. Mais ce soir-là, le plus applaudi sera le prince Philippe, lorsqu'il prendra fermement la parole.

Il a écrit lui-même son discours et en a pesé chaque mot : *« J'aime mon pays. La Belgique est comme un diamant. Comme un diamant, elle n'a pas besoin d'être grande pour briller. Elle est dense, elle est forte. Ses multiples facettes ont été polies par les ans. Mais un diamant ne peut briller dans le noir. Il brille seulement lorsque la lumière du monde est sur lui… Et ici j'adresse un message aux Belges. Soyons ambitieux. Donnons le meilleur de nous-mêmes. Soyons confiants dans l'avenir. Brillons de tous nos feux. En réalité, je nous invite, nous Belges, à ne plus jamais dire que la Belgique est un petit pays. »* L'assemblée lui réservera une véritable ovation. Jamais le duc de Brabant n'a paru aussi ferme, jamais non plus on n'a autant ressenti la passion qu'il éprouve pour les Belges sur lesquels il règnera un jour.

Elisabeth II en visite d'État en Allemagne

UNE SALVE DE COUPS DE CANON a accueilli au château de Charlottensburg, ancienne résidence des rois de Prusse, la reine Elisabeth II et le duc d'Edimbourg lorsqu'ils ont entamé une visite d'État de trois jours en République fédérale allemande. Au cours de cette visite, la souveraine britannique a déposé une couronne de fleurs devant la statue de la Vierge Marie à la Neue Wache (Nouveau Corps de Garde) transformée en 1960 en Mémorial aux victimes du fascisme et du militarisme. Dans le cadre de cette visite royale placée sous le signe du souvenir, Elisabeth II s'est rendue aussi au château de Cecilienhof où s'est tenue en 1945 la conférence de Potsdam. C'est là qu'Anglais, Américains et Soviétiques avaient mis en place un processus de dénazification et de démocratisation, après la Deuxième Guerre mondiale.

Allemagne

Fastes de la monarchie britannique pour le président français

SI LA PONCTUALITÉ est la politesse des rois, la formule ne s'applique pas aux présidents de la République. C'est en effet avec une demi-heure de retard, à cause des embouteillages, que le président français Jacques Chirac et son épouse sont arrivés au château de Windsor pour un dîner à l'occasion des célébrations de l'Entente cordiale entre la France et le Royaume- Uni. Peu rancunière, la reine Elisabeth II avait mis les petits plats dans les grands pour recevoir le couple présidentiel.

Au menu : *« Filet de sole Grand-Duc, Tournedos de bœuf aux champignons sauvages, Crème brûlée. »*

Le tout arrosé des crus les plus prestigieux de France, et pour terminer l'indispensable porto. Après le repas, Elisabeth II offrira à ses invités des extraits de la comédie musicale *les Misérables*, qui tient l'affiche à Londres depuis dix-neuf ans. Et fait rarissime, le couple présidentiel français sera convié à passer la nuit au château de Windsor.

Décembre

DÉCEMBRE s'ouvre sur une page noire, dans le gotha : le 1er jour du mois, le prince Bernhard des Pays-Bas, père de la reine Beatrix, tire sa révérence, à l'âge de 93 ans, après une longue maladie. L'époux de la reine Juliana rejoint cette dernière dans la crypte de l'église de Delft. Deux décès à huit mois d'intervalle : les cœurs saignent aux Pays-Bas. C'est une page d'histoire qui se tourne…

L'Histoire avec un grand H se rappelle aussi à nous en cette fin d'année : en Belgique comme au Grand-Duché, on commémore le soixantième anniversaire de la bataille des Ardennes. Dans la neige et le froid, comme à l'époque des faits, mais avec beaucoup d'émotion ! Les vétérans de l'armée américaine reviennent en nombre sur les lieux de leurs exploits, sans doute pour la dernière fois. Le cœur serré, le roi et le prince Philippe à Bastogne, le grand-duc Henri et ses fils de l'autre côté de la frontière, conduisent l' hommage à nos libérateurs.

Décembre, mois du cœur pour nos altesses royales : le prince Laurent et la princesse Claire inaugurent le bus qui doit conduire les animaux et leurs maîtres au nouveau dispensaire de la Fondation Prince Laurent, dans le Hainaut. Quant aux ducs de Brabant, ils passent la veillée de Noël loin de chez eux : la princesse Mathilde partage le repas de cinq cents sans-abri dans une église d'Anvers. Le prince Philippe se rend en secret à Kaboul. Sa mission : remonter le moral de nos troupes chargées de surveiller l'aéroport de la capitale afghane. A chaque fois, le message est clair : *« Nous sommes de tout cœur avec vous ! »*

Les funérailles du prince Bernhard des Pays-Bas dans l'église de Delft.

Nouveau dispensaire pour la Fondation Prince Laurent

C'EST DANS LE HAINAUT À HORNU, que le Prince Laurent a ouvert un nouveau dispensaire de sa Fondation pour le bien-être des animaux. Avec la princesse Claire, il a également inauguré un imposant bus qui sera désormais chargé d'emmener les propriétaires d'animaux malades ne pouvant venir eux-mêmes jusqu'à Hornu.

Le roi et le prince Philippe dans les laboratoires

LE PRINCE PHILIPPE effectue une visite de travail au siège d'UCB Pharma, à Braine-l'Alleud, en Brabant wallon. Le duc de Brabant s'équipe de lunettes de protection et d'un tablier blanc pour arpenter les différents laboratoires de recherche. Il s'intéresse notamment au développement d'un médicament destiné à combattre l'épilepsie dans le monde entier, le Keppra. Quatre jours plus tard, le roi se rend au centre de recherches Paul Janssen Pharmaceutica, en province d'Anvers. Ici encore une tenue appropriée est indispensable. Le roi enfile donc chaussons, charlotte et tablier blancs. Par cette visite, le roi voulait mettre à l'honneur l'une des sociétés pharmaceutiques les plus innovantes au monde. En moins d'un demi-siècle, elle a mis au point quatre-vingts médicaments.

La princesse Mathilde soutient la cause des femmes

CE 6 DÉCEMBRE, la duchesse de Brabant décerne les prix du fonds qui porte son nom. Lauréate, l'asbl Flora est active dans les trois régions du pays : elle crée des emplois pour des femmes peu scolarisées, issues essentiellement de la société multiculturelle. « *Les femmes ont en elles une grande force, dont elles ne sont malheureusement pas toujours conscientes* », affirme avec force la princesse, dans un discours où elle dénoncera aussi des pratiques courantes à l'encontre des femmes dans certains pays : l'excision, le crime d'honneur, la violence conjugale.

Visite à Copenhague pour la princesse Mathilde

L'ENFANCE demeure l'une des préoccupations prioritaires pour Mathilde de Belgique : le 7 décembre, elle se rend en visite de travail dans la capitale danoise. Objet de cette visite-éclair : le centre européen d'Unicef. On y centralise toutes les marchandises (médicaments, matériel scolaire) achetées par l'Unicef avant de les expédier dans le monde entier. Casque de chantier sur la tête, la princesse visite les immenses entrepôts. La marraine de la campagne « *L'école, mon droit* » s'intéressera particulièrement aux « *écoles en boîte* » conçues pour donner cours à quatre-vingts enfants, n'importe où dans le monde.

9TH INF. DIV.

60e anniversaire de la bataille des Ardennes

LE PRINCE PHILIPPE est le premier à se rendre à Bastogne. Après avoir inauguré l'exposition « *J'avais 20 ans en 45 à Bastogne* », le duc de Brabant s'entretient avec des vétérans américains. Le lendemain, c'est le roi Albert II qui assiste aux différents temps forts de ce soixantième anniversaire, par un froid sibérien qui n'est pas sans rappeler celui que connurent à l'époque les acteurs de cette importante page de la Deuxième Guerre mondiale. Le programme du roi est chargé cet après-midi-là : dépôt de gerbe au Mardasson, en mémoire des milliers de soldats américains tués durant la bataille, bain de foule devant l'hôtel de ville, et jet de noix du haut du balcon de l'édifice, pour rappeler le célèbre « *Nuts* » du général McAuliffe aux émissaires allemands qui venaient réclamer sa reddition dans Bastogne assiégée, en décembre 1944.

« Fêter le 175e anniversaire de la Belgique n'a pas seulement pour objectif d'évoquer un riche passé. Il est surtout une occasion de réfléchir à tous les progrès et à tous les espoirs que notre vie commune comporte. »

Discours de Noël du souverain

APRÈS AVOIR RENDU HOMMAGE au courage du policier et des pompiers qui ont succombé dans la catastrophe de Ghislenghien, le roi Albert II s'attarde dans son discours de Noël sur les 175 ans de la Belgique et les 25 ans du fédéralisme, fêtés tout au long de l'année 2005. Il y verra l'occasion de réfléchir à l'avenir de la Belgique, à sa vocation spécifique dans le monde d'aujourd'hui. *« Je suis convaincu, dira notamment le roi, qu'il y a un message à partager : celui de réellement faire vivre ensemble des cultures différentes au sein d'un même contexte politique. »*

Une reine et trois princesses auprès des familles des militaires belges

LA REINE PAOLA, les princesses Astrid, Mathilde et Claire, rehaussent de leur présence la première journée nationale info-familles, à la caserne de Peutie, près de Louvain. Les membres féminins de la famille royale vont ainsi à la rencontre des familles de nos militaires alors en mission à l'étranger. Comment communiquent-elles avec eux ? Comment font-elles pour supporter l'absence d'un être cher ? Autant de question posées par nos altesses, qui passent de table en table, pour apporter sourire et réconfort. La reine essuiera même une larme en entendant les différents témoignages de ces parents ou de ces épouses restées au pays.

Réveillon de Noël en Afghanistan pour le prince Philippe

TRÈS BELLE SURPRISE pour les soldats belges en opération en Afghanistan lorsqu'ils ont vu arriver le duc de Brabant la veille de Noël à Kaboul, où il a partagé leur repas sous la tente. Noël est une fête familiale et l'héritier du trône s'est toujours senti un membre à part entière de la grande famille des militaires. Au même moment, la princesse Mathilde passait le réveillon à Anvers en compagnie de cinq cents sans-abri et s'est donc rendue dans une église où un repas de fête était organisé pour eux. Un vrai cadeau du père Noël !

Bernhard

Décès du prince Bernhard des Pays-Bas

HUIT MOIS après le décès de sa mère la reine Juliana, la reine Beatrix des Pays-Bas pleure en ce 1er décembre la disparition de son père, le prince Bernhard. Emporté par un cancer du poumon et de l'estomac à l'âge de 93 ans, Bernhard von Lippe est né en Allemagne. Il a 26 ans quand il épouse la princesse héritière Juliana des Pays-Bas, le 7 janvier 1937. Engagé dans la résistance contre le nazisme durant la guerre, il en gardera tout au long de sa vie le symbole qu'il avait choisi à l'époque : cet œillet blanc qu'il attachait chaque matin à sa boutonnière. Cet œillet blanc qui accompagne son cercueil, le jour de ses funérailles en la Nieuwe Kerk de Delft, lieu de sépulture des derniers monarques hollandais. Dix-sept altesses royales, dont le roi Albert II, assistent aux obsèques. Le pasteur Ter Linden rappellera dans son homélie les qualités de cet homme *« fidèle en amitié, qui n'oubliait aucun visage, et qui est mort en souriant, parce que la mort était pour lui comme une seconde naissance »*.

Trois bougies pour la princesse Aïko

LE 1ER DÉCEMBRE, quelques jours après la princesse Elisabeth de Belgique, la princesse Aïko, fille unique du couple héritier japonais, souffle ses trois bougies. Si actuellement selon la Constitution nippone une femme ne peut monter sur le trône millénaire du chrysanthème, la petite fille pourrait un jour tout de même succéder à son père, le prince Naruhito. Le Premier ministre ne voit en effet aucun problème à faire changer la Constitution en faveur de la petite princesse. Cette révision constitutionnelle devra être acceptée à la majorité des deux tiers par les chambres parlementaires, puis approuvée par référendum. Mais la réforme ne devrait rencontrer aucune résistance.

Monaco

Noël à Monaco

COMME TOUJOURS le palais princier de Monaco a accueilli tous les enfants de la principauté la veille de Noël. Malgré leur grande inquiétude concernant la santé de leur père le prince Albert, la princesse Caroline et la princesse Stéphanie ont distribué à chacun le traditionnel cadeau. Pour rien au monde le prince Rainier III, très malade, n'aurait pas voulu que la tradition ne soit pas respectée.

Les prix Nobel décernés à Stockholm et Oslo

TOUT LE FASTE de la monarchie suédoise se déploie ce 10 décembre pour la remise des prix Nobel 2004, au Konserthallen de Stockholm. Médecine, chimie, physique, sciences économiques, littérature : autant de disciplines où les lauréats reçoivent des mains du roi une médaille et un diplôme, mais surtout un prix de 1 110 000 €. Le même soir, un somptueux dîner de gala réunit quelque treize cents convives dans l'hôtel de ville de la capitale suédoise. Dans sa robe de soie rose avec une parure en marcassite, la princesse Victoria attire tous les regards. Le même jour à Oslo, le roi Harald de Norvège, la reine Sonja, le prince Haakon et la princesse Mette-Marit assistent à la remise du prix Nobel de la paix à la Kenyane Wangari Maathai, 64 ans, première femme africaine à obtenir cette récompense. Docteur en biologie, Wangari Maathai est saluée pour sa lutte en faveur des droits de l'homme, contre la corruption et pour la sauvegarde de l'environnement en Afrique.

Janvier

L'ANNÉE 2005 commence dans le deuil. Un deuil planétaire après le terrible raz-de-marée qui a ravagé l'Asie du Sud le 26 décembre. La solidarité internationale atteint une ampleur inédite. Les souverains et les princes se sont mobilisés comme jamais pour exprimer leur compassion et tenter de venir en aide aux milliers de rescapés de cette catastrophe terrifiante. En Belgique, Albert II s'est rendu au centre de crise pour y rencontrer les bénévoles et toute la famille royale a assisté à un service œcuménique dans la cathédrale Saint-Michel et Gudule. Au Royaume-Uni, les princes William et Harry se sont mêlés aux volontaires de la Croix-Rouge pour emballer des colis de première nécessité. Même mobilisation de la famille royale en Suède et en Norvège, qui ont perdu de nombreux compatriotes dans le tsunami. Alors qu'au grand-duché du Luxembourg on se mobilise aussi pour apporter de l'aide aux sinistrés de la catastrophe, le pays pleure la disparition de la grande-duchesse Joséphine-Charlotte, née princesse de Belgique. Le Gotha tout entier viendra rendre un dernier hommage à celle qui fut à la fois fille, sœur, épouse et mère de souverain. Elle était en effet la fille aînée du Roi Léopold III, la sœur des rois Baudouin et Albert, l'épouse du grand-duc Jean de Luxembourg et la mère du grand-duc Henri. En Belgique on se souvient de cette princesse âgée de 21 ans, qui fut la première de la famille royale à rentrer en Belgique en 1949 après la Deuxième Guerre mondiale.

Le grand-duc Jean et le grand-duc Henri de Luxembourg pleurent la grande-duchesse Joséphine-Charlotte.

Disparition de la grande-duchesse Joséphine-Charlotte

ELLE AIMAIT SA FAMILLE et son pays d'adoption. Elle aimait la beauté, l'art moderne, les voyages, la musique et la lecture. On la disait discrète, réservée, un peu froide parfois, mais toujours digne : la grande-duchesse Joséphine-Charlotte de Luxembourg s'éteint le 10 janvier, à 5h55 du matin, entourée des siens, dans son château de Fischbach, laissant un grand-duc Jean désemparé. La sœur aînée des rois Baudouin et Albert II avait 77 ans. Elle souffrait, depuis longtemps déjà, d'une tumeur au poumon. C'est une page de l'histoire du grand-duché qui se tourne. C'est aussi une page de l'histoire de notre monarchie.

Née le 11 octobre 1927 au palais royal de Bruxelles, onze mois après le mariage du futur Léopold III avec la princesse Astrid, Joséphine-Charlotte aura connu plusieurs drames au cours d'un vie bien remplie : la disparition de sa mère dans un accident de voiture, alors qu'elle n'avait que sept ans ; la guerre et l'exil, en Autriche puis en Suisse, où elle joue à merveille le rôle de seconde maman pour ses petits frères Baudouin et Albert ; la question royale enfin, avec l'abdication de Léopold III au profit de Baudouin.

Le destin de Joséphine-Charlotte bascule un soir de 1952, à Paris. Dans la voiture qui les ramène à leurs hôtels respectifs, le futur grand-duc Jean de Luxembourg demande la main de la jeune princesse. Les noces auront lieu quelques mois plus tard, le 9 avril 1953. Cinq enfants naîtront de cette union.

Le 12 novembre 1964, la fille de Léopold III devient grande-duchesse : elle le restera durant 36 ans, aux côtés de son époux, avant l'abdication de ce dernier le 7 octobre 2000. Jusqu'au bout, elle aura été présente dans la vie du grand-duché, malgré la maladie. En ce 10 janvier, le Luxembourg vient de perdre sa *« grande dame »*.

Ses obsèques auront lieu cinq jours plus tard, dans la cathédrale de Luxembourg, en présence de nombreuses têtes couronnées, dont la famille royale belge au grand complet.

La famille royale rend hommage aux victimes du tsunami

LE SOIR MÊME des funérailles de la grande-duchesse Joséphine-Charlotte, la famille royale assiste à Bruxelles à une messe en mémoire des victimes belges et étrangères du raz-de-marée qui a dévasté l'Asie du Sud-Est. Musique indienne et Brabançonne rythment cette cérémonie du souvenir et du recueillement. Les souverains et leurs enfants s'entretiennent ensuite durant de longues minutes avec les familles des victimes et les secouristes belges qui reviennent des régions dévastées.

Soirée de gala pour le prince Laurent et la princesse Claire

LE PRINCE LAURENT et la princesse Claire ont rehaussé de leur présence la première édition de l'Auto Night. Une soirée de gala donnée initialement au profit de la fondation du prince. A sa demande, une partie des bénéfices a été versée à la Croix-Rouge de Belgique, très active dans l'après-tsunami. Très élégante, la princesse Claire a ouvert le bal au bras du président de la Chambre, Herman De Croo, qui était à l'initiative de cette soirée prestigieuse.

La princesse Astrid encourage tous les athlètes

APRÈS AVOIR DÉCLARÉ ouvert le premier championnat européen de judo pour handicapés mentaux, la princesse Astrid assiste aux combats dans les tribunes. La fille du roi apporte, par sa présence, tout le soutien de sa famille à ces athlètes hors du commun, et à ceux qui les entraînent au quotidien. Au-delà de la performance, ce sont avant tout la fraternité et le dépassement de soi qui importent dans ce genre de compétition. Des valeurs qu'Astrid de Belgique partage sans aucun doute.

Ingrid Alexandra

Premier anniversaire d'une future reine de Norvège

ELLE A LES YEUX BRUNS de son père, les cheveux blonds de sa mère : la princesse Ingrid Alexandra, fille du prince héritier Haakon de Norvège et de la princesse Mette-Marit, souffle ce 21 janvier sa première bougie. L'occasion de découvrir la future reine de Norvège dans l'intimité du château de Skaugum, entourée de ses parents et de son demi-frère Marius, et en balade dans la campagne environnante, chaudement emmitouflée dans sa poussette. Depuis la naissance de la future héritière du trône, la princesse Mette-Marit est plébiscitée par 83 % des Norvégiens.

Les souverains espagnols en visite d'État au Maroc

LA VISITE D'ÉTAT de trois jours des souverains espagnols au Maroc a été placée d'emblée sous le signe de l'amitié. Dès son arrivée, le roi Juan Carlos a embrassé avec effusion le roi Mohammed VI. Preuve tangible de la réconciliation entre les deux pays, après les différentes tensions, notamment en juillet 2002 dans le détroit de Gibraltar. Au balcon du palais de Marrakech, les deux couples royaux sont apparus détendus et la jolie princesse Lalla Salma en a profité pour présenter au roi Juan Carlos son fils le prince héritier Moulay Hassan, âgé de vingt mois. Durant le traditionnel dîner de gala, le souverain espagnol a parlé du *« lien privilégié »* entre les deux rives de la Méditerranée. Il évoquera aussi l'épineux problème du Sahara occidental, ancienne colonie espagnole disputée par le Maroc et le Front Polisario.

La reine Rania une nouvelle fois maman

Hachem

EN JORDANIE, la reine Rania a donné naissance le 30 janvier à son quatrième enfant, un garçon prénommé Hachem. Très fier, le roi Abdallah a présenté lui-même le petit prince aux photographes. Un nouveau compagnon de jeu pour ses frères, les princes Hussein et Iman, et sa sœur, la princesse Salma.

Les larmes du prince Rainier III

CONTRE L'AVIS des ses médecins, le prince Rainier a tenu à assister à plusieurs soirées du 29e festival de cirque de Monte-Carlo qu'il a créé. A 81 ans, le prince souverain de Monaco, très malade, continue à encourager les enfants de la balle à qui il voue une réelle passion. A la fin du spectacle, les artistes et les Monégasques ont réservé une ovation au prince Rainier, qui n'a pu cacher son émotion et ses larmes. Une idée de sa fille cadette et chérie, la princesse Stéphanie. Personne ne savait alors que le prince souverain faisait ce jour-là ses adieux au cirque... et aux Monégasques.

La famille royale suédoise se mobilise pour les victimes du tsunami

À LA TÉLÉVISION SUÉDOISE, la famille royale a participé à une émission destinée à réunir des fonds pour les victimes du tsunami. La princesse Madeleine, seconde fille du roi Carl Gustav, a bouleversé les téléspectateurs par une petite phrase brisée dans les sanglots : *« J'ai des amis proches sur la liste des disparus. »* Quant à sa sœur, la princesse héritière Victoria, elle a interrompu ses vacances africaines et s'est précipitée à l'aéroport de Stockholm pour assister à l'hommage rendu à quatre heures du matin aux premières victimes suédoises identifiées.

Quelques jours plus tard, les souverains suédois se sont rendus sur place, en Thaïlande. Ils ont tenu à remercier les Thaïlandais pour l'aide apportée aux nombreuses victimes suédoises du tsunami. Ils sont également venus apporter les dons de leurs compatriotes pour aider à la reconstruction de Phuket, mais aussi pour permettre aux pêcheurs de ces régions de reprendre leur activité.

« J'ai des amis proches sur la liste des disparus. »

Les princes William et Harry bénévoles à la Croix-Rouge

ELISABETH II a été la première à réagir à la catastrophe du tsunami. Le jour même elle avait exprimé officiellement son affliction et ses condoléances aux gouvernements des pays concernés. Ses petits-fils, les princes William et Harry, ont revêtu le pull bleu marine frappé de l'écusson et se sont improvisés manutentionnaires dans une antenne de la Croix-Rouge à Warnley, dans le Gloucestershire. Aux côtés de vingt-quatre bénévoles, ils ont emballé des dizaines d'articles de première nécessité destinés aux Maldives. Les deux frères ont également fait un don dont le montant a été tenu secret.

Les grands de ce monde à Auschwitz

LA NEIGE, le froid (-10°C) ainsi qu'un vent glacial accompagnent 43 chefs d'État et de gouvernement dans le camp d'extermination d'Auschwitz, en Pologne pour commémorer en ce 27 janvier le soixantième anniversaire de la libération des camps nazis. Victoria de Suède, Haakon de Norvège, Joachim de Danemark, Edouard d'Angleterre, Henri et Maria Teresa de Luxembourg : la jeune génération des cours d'Europe a tenu à remplir ce devoir de mémoire, pour que personne n'oublie, au grand jamais, l'horreur du génocide juif.

Le roi Albert II et la reine Beatrix des Pays-Bas témoignent, eux aussi. Albert II a connu les affres de la guerre. Il voulait donc être présent, malgré le froid qui transperce tout, comme soixante ans plus tôt. 1 100 000 personnes sont mortes à Auschwitz-Birkenau.
En hommage à ces victimes innocentes de la folie nazie, un à un, les chefs d'État et de gouvernement, de Jacques Chirac à Vladimir Poutine, déposent une bougie bleue sur la pierre froide du monument d'Auschwitz. A l'issue de la cérémonie, le roi Albert II insistera sur la transmission de ce devoir de mémoire aux jeunes générations.

Février

DEUX PRINCESSES sont sur le terrain au même moment, dans la chaleur du continent noir : Mathilde de Belgique et Maxima des Pays-Bas partagent la même préoccupation : promouvoir le micro-crédit en Afrique. Chacune à sa manière. Pour Mathilde, c'est l'un des axes d'une mission de coopération au développement au cours de laquelle elle visite de nombreux projets soutenus par la Belgique, dans des domaines comme la santé ou l'adduction d'eau. Pour Maxima, il s'agit davantage d'une visite de travail, plus technique, au sein du monde bancaire.

Une surprise durant ce mois : le prince Charles d'Angleterre et Camilla Parker-Bowles s'affichent ensemble face à la presse dans les salons de Windsor, à quelques jours de la Saint-Valentin. C'est désormais officiel : ils vont se marier. Pour Charles, c'est une forme d'aboutissement. Mais l'annonce de ces noces divise l'opinion publique britannique. Les nostalgiques de la princesse Diana n'apprécient pas.

Autre temps fort de ce mois de février : la visite d'État en Belgique du président grec Costantinos Stephanopoulos. Elle fait suite à celle des souverains sur le sol grec en juin 2001. Elle scellera une fois encore les liens d'amitié entre la Belgique et la Grèce.

Le prince Charles se fiance avec Camilla Parker-Bowles.

Visite du président grec en Belgique

LE PRÉSIDENT STEPHANOPOULOS, 78 ans, est le premier président grec à visiter notre pays depuis plus de trente ans. La Grèce, dont le futur Léopold Ier faillit devenir roi en 1830, compte quelque 20 000 à 30 000 ressortissants dans notre pays.
Le président est reçu par la famille royale au château de Laeken. Le dîner d'État permet à nos reines et princesses de rivaliser d'élégance, et pour le roi Albert II de rappeler les liens historiques qui unissent nos deux pays. Au menu ce soir-là, *un waterzooi de homard aux petits légumes croquants, du pigeonneau aux fèves des marais, girolles et noisettes,* et en cette veille de la Chandeleur : *des crêpes Suzette rafraîchies à la vanille* ! Après le dessert, c'est dans l'une des serres du château que s'achève cette soirée de gala, autour d'un café, d'une liqueur fine ou d'un thé à la menthe, servi de très haut, comme l'apprécie la reine Paola !

Le lendemain, le roi et la reine retrouveront le président grec à Namur pour un déjeuner au palais provincial. L'occasion de passer en revue toutes les confréries et autres groupes folkloriques de la région présents, et d'apprendre que le roi Albert II et son frère Baudouin se sont initiés dans leur jeunesse à… la marche sur des échasses !

Binche

Pluie d'oranges pour les ducs de Brabant

SIX ANS APRÈS le roi Albert II et la reine Paola, le prince Philippe et la princesse Mathilde goûtent à leur tour à l'ambiance du carnaval de Binche. En ce 8 février, jour du Mardi gras, ils assistent au défilé du cortège carnavalesque, du haut du balcon des Basselier, un endroit stratégique, à l'entrée de la Grand-Place. Pour éviter tout jet d'orange un peu trop violent, on en a même renforcé le grillage. Et Dieu sait si les projectiles pleuvront ce jour-là ! Les princes s'en retournent à Bruxelles à la tombée de la nuit. Dans leurs poches : quelques oranges sanguines, en souvenir, pour Elisabeth et Gabriel !

La reine Fabiola aux Jeunesses musicales

L'ÉPOUSE DU ROI BAUDOUIN a toujours tenu à encourager les futurs grands musiciens en assistant régulièrement au concours Reine Elisabeth. Mais elle tient aussi à l'apprentissage de la musique. Surtout lorsqu'il s'agit d'une musique venue de son pays natal. Ainsi la reine Fabiola a assisté à une représentation intitulée *« Chants et rythmes de la vieille Castille »* organisée par les Jeunesses musicales. Mais la reine ne s'est pas contentée d'apprécier le spectacle. Avant de quitter l'espace Toots d'Evere, on a vu la reine Fabiola se mettre à chanter une chanson traditionnelle en espagnol en compagnie de quelques-unes de ses anciennes compatriotes.

La princesse Mathilde au Mali

« J'AIME L'AFRIQUE, J'AIME CE PAYS ! » : fatiguée, mais heureuse, la duchesse de Brabant confie ses impressions à la presse à l'issue d'une mission belge axée sur la coopération au développement de ce pays d'Afrique occidentale, le quatrième plus pauvre du monde. Santé, éducation, promotion du micro-crédit seront au centre des visites de terrain effectuées par la princesse. De Bamako à Mopti, la population réserve un accueil extrêmement chaleureux à l'épouse du prince Philippe. Sida, malnutrition, paludisme : en tant que mère de famille et future mère d'un troisième enfant, la princesse est particulièrement sensible aux maladies qui touchent en priorité les enfants maliens. Mais elle s'intéresse aussi à la condition de la femme malienne : Mathilde s'affichera ainsi contre l'excision, une pratique qui porte atteinte à la dignité de toute femme, quelle qu'elle soit. De nombreux temps forts parsèment ce voyage : un déplacement en pinasse (une sorte de pirogue) sur le fleuve Niger, pour visiter un village aidé par la coopération belge ; la pose par la princesse de la première pierre d'une école professionnelle à Bankass. Enfin, l'accueil tout en chants et en danses, au pays des Dogons, cette peuplade mystérieuse qui vit au bord d'une immense falaise de deux cents mètres de haut.

La « Belgique visionnaire » s'offre aux souverains

« LE TEMPS DES RENCONTRES » : le thème des festivités pour les 175 ans de la Belgique et les 25 ans du fédéralisme dans notre pays est suffisamment large pour englober les très nombreuses manifestations qui émailleront l'année 2005. Première d'entre elles, l'exposition *«La Belgique visionnaire»*, visitée en primeur par nos souverains, quelques jours avant son inauguration au *«Bozar»* de Bruxelles. Cinq cents œuvres, souvent conceptuelles, y expriment les visions d'artistes contemporains sur ce que représente, pour eux, la Belgique.
A l'issue de leur visite, Albert II et Paola découpent un gigantesque gâteau d'anniversaire pour 450 personnes, fait de crème au beurre, de biscuit, de chocolat et de sucre gonflé. Des produits garantis *« pur belge »*, comme ces frites distribuées à la sortie, et que le roi dégustera avec délectation, n'hésitant pas à les partager avec l'un de ses gardes du corps ! Difficile de garder la ligne, en de telles circonstances !

George W. Bush au palais royal

LA BONNE HUMEUR régnait au palais royal de Bruxelles, lorsque le roi Albert II et la reine Paola ont reçu le président américain George W. Bush et son épouse Laura. Si le président des États-Unis est venu en Belgique, c'est avant tout parce que sa capitale est aussi celle de l'Europe et de l'Otan, mais il en a profité pour en faire une opération de charme destinée à séduire les Belges. Le début d'une visite présidentielle quasi impériale au cœur de l'Europe sous le signe de la réconciliation transatlantique.

Felipe et Letizia prennent de l'altitude

LE PRINCE HÉRITIER d'Espagne et son épouse passent quelques jours de repos bien mérité en ce mois de février à Baqueira Beret, la station de sports d'hiver préférée de la famille royale, dans les Pyrénées espagnoles. Un peu de détente après quelques mois très chargés en obligations de toutes sortes. Certains commencent à s'inquiéter en cette occasion de l'extrême minceur de la nouvelle princesse, qui semble avoir perdu du poids depuis son mariage.

Espagne

Les souverains espagnols votent

EN ESPAGNE, les souverains ont glissé leur bulletin dans l'urne à l'occasion du référendum sur le projet de Constitution européenne. Premier pays de l'Union à soumettre le projet à la décision de ses citoyens, l'Espagne a vu la victoire du oui, malgré une forte abstention. Pas du fait de la famille royale car, comme le roi et la reine, le prince Felipe et son épouse, la princesse Letizia, ainsi que les infantes Elena et Christina, sont venus voter.

Fiançailles du prince Charles avec Camilla Parker-Bowles

ON N'Y CROYAIT PLUS TROP, depuis toutes ces années, et pourtant, c'est fait ! A 56 ans, l'héritier de la couronne britannique s'apprête à convoler avec celle qu'il a toujours aimée, Camilla Parker-Bowles, fille d'un major de l'armée britannique devenu négociant en vins, divorcée, et âgée de 57 ans. C'est dans l'un des salons du château de Windsor qu'a lieu l'annonce des fiançailles, en ce début février. Mitraillés par les flashes, Charles et Camilla semblent presque intimidés. Mais la future épouse du prince Charles, dans sa robe rose fuschia, arbore fièrement la bague que lui a offerte son fiancé. Un héritage de la famille royale. Bref échange avec les journalistes : «*Il a demandé ma main à genoux,* prétend la fiancée», sur le ton des fausses confidences. L'humour et l'amour semblent donc faire bon ménage pour ce couple dont la romance débuta un après-midi de 1970, lors d'un match de polo à Windsor.

La famille royale de Hollande aux sports d'hiver

MALGRÉ LE MAUVAIS TEMPS, la reine Beatrix est restée fidèle à la très huppée station de sports d'hiver de Lech-Am-Arlberg, en Autriche. L'occasion pour la souveraine des Pays-Bas de retrouver les siens et notamment son fils le prince héritier Willem Alexander, venu avec son épouse, la princesse Maxima et leur petite fille Amalia. Ensemble, ils ont pris beaucoup de plaisir lors d'une balade dans un traîneau tiré par un cheval. C'est sûr, l'année prochaine, ils reviendront. Et cette fois, la petite princesse ne sera plus seule. Sa mère attend, en effet, un heureux événement pour le mois de juillet.

La princesse Maxima en Ouganda et au Kenya

NOMMÉE CONSEILLÈRE par Kofi Annan, secrétaire général des Nations unies, dans le cadre de l'année internationale du micro-crédit, la princesse Maxima des Pays-Bas s'est rendue en Ouganda et au Kenya pour encourager cette méthode financière qui permet l'accès au crédit des plus pauvres. Enceinte de quatre mois, l'épouse du prince héritier hollandais n'a pas ménagé sa peine dans ces deux pays d'Afrique. Elle y a rencontré des femmes chefs d'entreprise et des responsables d'institutions bancaires avec sa bonne humeur et sa joie de vivre habituelles, mais aussi avec la compétence de l'ex-banquière, qui avant de se marier, travaillait dans le monde de la finance à New York.

Mars

LE MOIS DE MARS lance définitivement les festivités du 175e anniversaire de la Belgique. A cette occasion, les souverains inaugurent l'exposition « *Made in Belgium* ». Elle retrace l'histoire de notre pays, mais évoque aussi tout le savoir-faire belge tant sur le plan des arts, que des sciences ou de l'industrie. Quelques jours plus tard, le roi et la reine ouvrent une autre exposition dans ce cadre, consacrée cette fois au romantisme en Belgique.

C'est aussi au mois de mars que le prince Philippe accompagné de la princesse Mathilde préside une mission commerciale en Inde de 240 personnes. En marge du programme diplomatique et économique du prince, la princesse visite un orphelinat, un institut pour sourds et muets et se rend dans les bidonvilles de Mumbai. Pour l'instant, la nouvelle est encore secrète : les ducs de Brabant attendent un troisième enfant pour le mois d'octobre. Discrètement, la princesse ne laisse pas deviner sa fatigue. Elle sera d'ailleurs éblouissante lors de la soirée de gala qui clôture cette visite en Inde. Si le printemps s'annonce plein de promesses pour d'autres princesses du Gotha, des heures plus sombres s'annoncent aussi. Au Vatican et dans le monde on s'inquiète pour la santé du pape Jean-Paul II, à Monaco pour celle du prince Rainier III.

La princesse Mathilde, en Inde, à Mumbai.

Match de boxe pour la reine Paola

LE 1ER MARS, la reine Paola a visité à Gand le centre Habbekrats, qui s'occupe de jeunes défavorisés. Ceux-ci ont déployé tout leur savoir et leur punch à l'occasion de cette visite royale. Pour marquer l'événement, certains avaient organisé un concert. Au programme « *la Brabançonne* » en rap, d'autres ont fait la démonstration de leur sport favori comme l'escalade ou encore la boxe. Cela méritait bien les encouragements d'une reine très enthousiaste.

Les ducs de Brabant dans le Borinage

EN CE 1ER MARS, l'hiver n'a toujours pas quitté la Belgique. Un froid de canard et une fine neige fondante accompagnent les ducs de Brabant dans leur périple à travers le Hainaut. Accueillis à Wasmes, les princes se rendent dans une famille qui habite une cité sociale depuis vingt ans. Ensuite, direction : Mons, où les princes visitent les mini-usines du parc Initialis. Main dans la main, bras dessus, bras dessous, Philippe et Mathilde sembleront particulièrement complices, ce jour-là.

Les souverains inaugurent l'exposition «Made in Belgium»

MANIFESTATION CULTURELLE d'envergure visitée par le roi Albert II et la reine Paola dans le cadre des 175 ans de la Belgique et des 25 ans du fédéralisme : l'exposition «*Made in Belgium*», à Bruxelles. Toute l'histoire de la Belgique y est retracée, depuis les bulletins de vote et l'urne ayant servi à élire le premier roi des Belges, jusqu'à la tenue portée par la princesse Claire le 21 juillet 2003, œuvre de deux jeunes stylistes belges. En tout, 3 800 objets relatent tout ce qui a fait la Belgique depuis 1830, et même avant la création de notre pays.
La reine appréciera avec humour l'un des clous de l'expo : un trône monumental en coquilles de moules, en hommage à la frite, la reine de notre gastronomie !

Le prince Philippe et la princesse Mathilde en mission économique en Inde

Inde

C'EST SANS LA PRINCESSE MATHILDE désirant passer le week-end avec ses enfants, que le prince et toute la délégation commerciale belge ont commencé cette mission économique en Inde, dans la capitale, New Delhi, par une visite touristique. Ils découvriront ainsi le site de Qutab Minar, où le prince s'arrêtera devant une des attractions de l'endroit, une colonne haute de sept mètres, forgée dans le fer le plus pur, au IVe siècle, exploit que la technologie occidentale n'est parvenue à réitérer qu'au XIXe siècle. La légende veut que si l'on s'y adosse et si l'on parvient à se toucher les mains, on peut formuler un vœu. Après quelques difficultés, le prince y parviendra mais gardera son vœu secret.

Le lendemain, le prince Philippe et la délégation officielle belge seront reçus par les plus hautes autorités. Mais d'abord, c'est dans le jardin de la résidence où Gandhi, le père de la nation indienne, passa ses 144 derniers jours, que viendra se recueillir le prince Philippe. Déchaussé comme le veut la tradition, il ira déposer une couronne de fleurs devant la stèle indiquant l'endroit exact ou le Mahatma fut assassiné le 30 janvier 1948 par un fanatique indien.

Autre temps fort de cette mission économique : la princesse Mathilde, qui a rejoint dans la nuit la délégation belge, et le prince Philippe visitent une station ultra moderne du métro de New Delhi en pleine construction. Les photos de cette visite feront la une de la plupart des journaux indiens.

Le jour suivant, la princesse Mathilde s'est rendue en hélicoptère sur le site historique de Hampi. Il s'agit en réalité de l'ancienne capitale du dernier grand royaume hindou de Vijayanagar dont les princes, extrêmement riches, firent édifier des temples dravidiens et des palais au XIVe et XVe siècles.

A Mumbai, l'ancienne Bombay, alors que le prince Philippe rencontre les acteurs économiques locaux, la princesse va visiter l'institut pour sourds et muets, dont les élèves, âgés de trois à vingt ans, lui réservent un merveilleux accueil. La duchesse de Brabant essaie de s'arrêter devant chacun et se baisse pour que les pétales de fleurs que lui lancent les petites filles ne ratent pas leur cible. Mais si la princesse a choisi de visiter cet institut c'est avant tout parce qu'elle tenait à témoigner de son intérêt pour le travail de Sister Jane, une religieuse flamande qui se bat depuis 1963 pour l'amélioration de la condition des femmes et des enfants exploités qui ont fui leur vie d'esclave.

La duchesse de Brabant a aussi voulu se rendre compte de la réalité de la vie dans les rues de Mumbai. On la verra se faufiler dans l'une des minuscules maisons d'un bidonville. Mais si la princesse est venue ici c'est aussi en tant qu'ambassadrice de l'année internationale du micro-crédit des Nations unies. Elle a en effet tenu à rencontrer les responsables d'une organisation non gouvernementale qui aide les femmes de cette population oubliée, notamment par le biais du micro-crédit.

L'apothéose de cette mission économique belge en Inde sera certainement la soirée de gala pour le cinquantième anniversaire de la chambre de commerce belgo-indienne. C'est par un défilé digne des Mille et Une Nuits que s'achèvera cette mission économique.

Week-end de Pâques en Pologne pour les souverains belges

C'EST DANS LES MONTS BESKIDES, dans le sud de la Pologne, que les souverains belges ont passé le week-end de Pâques. Ils étaient les invités du président Kwasniewski et de son épouse. Le lundi de Pâques, les deux premières dames ont exhibé chacune un panier, qui contenait les couleurs traditionnelles : le vert symbolisant l'herbe fraîche et le jaune représenté par une tulipe, symbolisant le soleil. Mais aussi des œufs décorés de lignes et de dessins. En Pologne, en ce jour, on se doit d'asperger d'eau ses proches et l'on peut même oublier les bonnes manières, une chose que le président polonais, très galant, n'a pas mis en application avec ses invités.

Ski en famille pour le prince Charles et ses fils

LES PRINCES WILLIAM ET HARRY accompagnent leur père à Klosters, dans les Alpes suisses. L'occasion pour le prince Charles de se ressourcer en famille, car les échéances approchent : le mariage avec Camilla, c'est dans une semaine ! Mis sous pression par une certaine presse, le prince Charles laisse échapper quelques réflexions maladroites, captées par les journalistes venus l'interviewer avec ses fils, assis bras dessus, bras dessous, sur une barrière en bois. L'échange avec la presse ne durera pas plus de cinq minutes : il nous apprendra quand même que William se réjouit d'être le témoin de son père lors du mariage, et qu'il n'a qu'une seule crainte : celle de perdre les alliances !

Retour aux sources pour la princesse Mary de Danemark

Mary

ACCUEIL TRIOMPHAL pour l'enfant du pays en Australie : la princesse Mary, épouse du prince Frederik de Danemark, revient aux antipodes avec son époux, moins d'un an après leur mariage, en mai 2004. L'ex-Mary Donaldson se sent à l'aise partout auprès de son prince, tant parmi les kangourous que dans une soirée de gala pour la lutte contre les maladies du cœur. Mary devance même son époux lors d'une compétition de voile. Bon prince, il paiera la tournée à tous les équipages participants. La jeune princesse affirme également toute sa fibre maternelle lors d'une visite à des enfants hospitalisés dans une clinique de Sydney. En cette année Andersen, elle leur raconte l'histoire du « *vilain petit canard* ». Un conte qu'elle lira peut-être un jour à ses enfants.

« A la mentalité totalitaire des terroristes,
nous devons opposer notre passion pour la vie,
pour la liberté, pour la justice et pour la démocratie. »

LE PRINCE FELIPE

Commémoration en Espagne

UN AN EXACTEMENT APRÈS le terrible attentat de Madrid, qui a fait 191 morts et 1 900 blessés, les souverains espagnols ont inauguré le « *Bois des Absents* ». Il s'agit d'un mémorial de 192 cyprès et oliviers plantés en hommage aux victimes et au policier tué quelques jours après, lors d'un raid contre des terroristes retranchés dans un appartement. Aux côtés du roi Juan Carlos et de la reine Sophie, unis dans la même émotion, le prince Felipe et la princesse Letizia, le roi Mohammed VI du Maroc, le grand-duc du Luxembourg, ainsi qu'une vingtaine de chefs d'État. Tous avaient participé la veille à Madrid à une conférence sur la démocratie, le terrorisme et la sécurité.

Mémorial

RESTAURANT

Avril

MOIS TOUT EN CONTRASTES, avril emporte avec lui deux grandes figures : à quelques jours d'intervalle, le monde enterre deux chefs d'État : l'un était prince souverain, l'autre souverain pontife. Rainier III et Jean-Paul II avaient en commun cette foi profonde qui peut soulever bien plus que des rochers à Monaco, que des collines à Rome. Ils régnaient aussi de longue date sur deux des plus petits États de la planète. Tous deux animés d'un sens commun du devoir, ils n'ont pas ménagé leur peine pour faire aboutir leurs idéaux. Le pape pèlerin achève donc en ce mois d'avril son dernier voyage. Le prince bâtisseur pose l'ultime pierre d'un immense édifice, entamé quelque cinquante-cinq ans plus tôt : la transformation de Monaco en un État moderne, ancré de plain-pied dans le XXIe siècle.

Avril qui pleure, à Rome et à Monaco. Avril qui sourit enfin pour Charles et Camilla. Le samedi 9 avril, le prince de Galles épouse celle qui a toujours été présente en filigrane dans sa vie amoureuse. Une longue idylle secrète enfin officialisée au grand jour. Un mariage reporté d'un jour, pour cause de funérailles papales auxquelles assiste Charles d'Angleterre. Un mariage quasiment banni par le Gotha européen, et qui n'attirera pas non plus la grande foule dans les rues de Windsor. Il en faut plus pour émouvoir les flegmatiques sujets de Sa Gracieuse Majesté. Plus qu'une passion, pourtant longue de près de trente-cinq ans…

L'adieu au prince Rainier III de Monaco.

Le roi et la reine s'engagent contre l'intolérance

ALBERT II AVAIT REÇU le 12 janvier dernier au Palais de Bruxelles le patron de la société Remmery, Rik Vannieuwenhuyse, et son employée marocaine Naïma Amzil. Le roi avait été choqué par les lettres de menaces envoyées au patron de cette entreprise spécialisée dans les plats préparés pour le secteur Horeca. On lui reprochait d'avoir embauché une musulmane portant le voile. Albert II avait été impressionné par la volonté de M. Vannieuwenhuyse de ne pas céder à ces menaces de mort. Une semaine après la huitième lettre de menaces, le roi et la reine ont visité ensemble l'usine Remmery à Ledegem, près de Courtrai. Un geste fort pour illustrer la volonté de la famille royale de faire cohabiter harmonieusement dans notre pays toutes les communautés qui le composent.

Le prince Philippe et la princesse Mathilde à Washington

LA PRINCESSE MATHILDE accompagne le prince Philippe dans la capitale des États-Unis, en cette fin avril. Une visite de travail qui les emmène notamment à la Banque mondiale, où ils auront une série d'entretiens sur la pauvreté, l'éducation, la santé, ou encore la lutte contre le sida. La princesse prononce un discours en faveur du micro-crédit, à l'université de Georgetown. Elle visite aussi Gallaudet, la seule université au monde conçue pour les sourds et malentendants. Le prince Philippe de son côté rend hommage aux 400 000 soldats américains morts au combat durant la Seconde Guerre mondiale, en déposant une couronne au pied du monument qui leur est dédié.

Nouvelle naissance en vue chez les ducs de Brabant

LE PRINCE PHILIPPE ET LA PRINCESSE MATHILDE ont passé les vacances de Pâques avec leurs enfants dans la station de sports d'hiver suisse de Verbier. La princesse Elisabeth a pu ainsi effectuer ses premières descentes à ski avec son père. Un papa gâteau, qui a profité de ces quelques jours de congé pour jouer aussi avec son fils, le prince Gabriel. Si la princesse Mathilde participait à leurs jeux, elle ne skiait pas, et pour cause. Quelques jours plus tard, à l'occasion du 45e anniversaire du prince Philippe, un communiqué du Palais annonçait officiellement que les ducs de Brabant attendaient un troisième enfant pour le début de l'automne.

Premières Floralies pour la princesse Louise

AVANT DE VISITER les trente-troisièmes Floralies gantoises, la princesse Claire a baptisé une nouvelle variété d'azalée, qui porte désormais son nom. Elle est venue en famille avec le prince Laurent et leur fille Louise. Ensemble, ils ont parcouru la prestigieuse exposition en se mêlant à la foule. La petite princesse, qui commence à marcher, a séduit tout le monde par son enthousiasme et ses sourires. À ceux qui les applaudissaient, Louise répondait en battant des mains et si un enfant l'approchait, elle lui offrait immédiatement un bisou, sous le regard amusé de ses parents. Toute la spontanéité de son père !

Le prince Laurent chez les «Rouches»

LE 30 AVRIL, au stade de Sclessin, le prince Laurent donne le coup d'envoi du match de championnat de division 1 entre le Standard et Saint-Trond. S'il a accepté ce geste, c'est pour marquer sa solidarité avec le petit Dylan, dix ans, fils d'une des victimes de l'explosion de Ghislenghien. Le prince assistera à la rencontre à ses côtés, dans la tribune d'honneur. A-t-il porté chance au Standard ? Le score de 4-1 pour les «Rouches» pourrait en attester…

Adieu planétaire à Jean-Paul II

APRÈS VINGT-SIX ANS DE PONTIFICAT et une agonie rendue publique, le pape Jean-Paul II, le saint-père le plus charismatique du XXe siècle, est mort le 2 avril à l'âge de 84 ans.

Quelques jours plus tard, le 8 avril, sur la place Saint-Pierre de Rome, deux millions de croyants, mais aussi une centaine de chefs d'État ou de gouvernement assistent aux funérailles historiques de ce pèlerin énergique et infatigable voyageur.
Comme les présidents des États-Unis, de France, d'Iran et d'Israël, de nombreux souverains, princes et princesses ont rendu un ultime hommage à Jean-Paul II. Parmi eux, le roi Albert II et la reine Paola, les souverains espagnols et danois, la reine de Norvège, mais aussi le prince de Galles qui a repoussé d'un jour son mariage avec Camilla. Sous un ciel incertain, les bourrasques de vent soulèvent les pages du livre des Évangiles posé sur le simple cercueil en bois, sans fleurs ni couronnes. Durant plus de trois heures, le cardinal Josef Ratzinger préside la messe en plein air. Après l'absoute, l'émotion est palpable lorsque la dépouille est reconduite vers la basilique Saint-Pierre. À ce moment-là, des cris s'élèvent : «Santo subito !» Les pèlerins appellent à la canonisation immédiate du pape Jean-Paul II.

« Reconnaissons nos transgressions dans la pénitence et dans la foi. »

Mariage romantique pour l'héritier du trône britannique

ENFIN, ILS SE SONT DIT « I do ». Le 9 avril, après trente-quatre ans d'idylle contrariée, le prince Charles a épousé sa compagne Camilla Parker-Bowles au cours d'une brève cérémonie civile à la mairie de Windsor. A 56 ans, l'héritier du trône du Royaume-Uni officialise ainsi son amour pour celle qui porte désormais le titre de duchesse de Cornouailles. Après la cérémonie civile, c'est en présence de la reine Elisabeth II et du duc d'Edimbourg que sera célébrée la bénédiction nuptiale dans la chapelle Saint-Georges du château de Windsor. Vêtue d'une robe et d'un manteau long signés Robinson Valentine, Camilla, émue, remonte la nef aux côtés du prince Charles au son d'une toccata de Bach. L'archevêque de Canterbury fera une courte allusion aux précédentes unions des deux convolants : *« Reconnaissons nos transgressions dans la pénitence et dans la foi »*, déclarera-t-il devant le couple agenouillé devant lui. À l'issue de la cérémonie, qui ne manquait pas de romantisme, Elisabeth II offre un de ses rares sourires. La nouvelle duchesse de Cornouailles fait désormais partie de la famille.

Le rocher de Monaco en deuil

«J'AIMERAIS qu'on dise de moi que j'ai été un homme respectable et respecté.» Le «vieux lion» a perdu son dernier combat, en ce matin du 6 avril. Entouré des siens, Son Altesse Sérénissime le prince Rainier III s'est éteint au centre cardio-thoracique de la Principauté. Il avait 81 ans. Une affection broncho-pulmonaire, accompagnée de complications cardiaques et rénales, avait nécessité son hospitalisation quelques semaines plus tôt. Depuis une dizaine d'années, ses ennuis de santé s'étaient multipliés. Ses obsèques auront lieu en présence de dizaines de chefs de gouvernement et de têtes couronnées, dont le roi Albert II. Dans le cortège, Odin, le fidèle griffon du prince, suit pas à pas le cercueil de son maître au son d'une Marche funèbre de Beethoven. Dans la cathédrale, toute la douleur des enfants du souverain disparu se lit sur leur visage, surtout lorsque retentit l'adagio de Samuel Barber. La princesse Caroline ferme les yeux. La princesse Stéphanie cherche le réconfort auprès de son frère, le prince Albert, sur qui repose désormais le destin de la Principauté.

Le «prince bâtisseur» nous quitte donc après 55 ans d'un règne qui lui aura permis de façonner Monaco à son image, celle de la modernité et de l'ouverture sur le monde. Rainier avait succédé le 9 mai 1949 au prince Louis II. Six ans après son accession au trône, le prince, solitaire sur son rocher, rencontre l'actrice américaine

« J'aimerais qu'on dise de moi que j'ai été un homme respectable et respecté. »

Rouge. Le territoire de la Principauté s'agrandit d'un cinquième grâce aux grands chantiers lancés par Rainier III. Monaco ne sera plus seulement un lieu de villégiature pour milliardaires. La Principauté s'affirme aussi désormais comme un centre d'activités économiques. Clou de cette reconnaissance internationale : Monaco devient en 1993 le 183e État membre de l'Organisation des Nations unies.
Après le décès tragique de la princesse Grace, le 14 septembre 1982, le patriarche consacrera davantage sa vie à sa famille et aux Monégasques, à ses passions comme le golf ou la sculpture.

Grace Kelly en marge d'un tournage sur la Côte d'Azur. C'est le coup de foudre. L'égérie d'Hitchcock n'a que 26 ans, mais son éclatante beauté et sa classe naturelle en font déjà une star reconnue dans le monde entier. Le 19 avril 1956, Rainier épouse Grace en la cathédrale de Monaco, devant cinq cents invités et trente millions de téléspectateurs. Trois enfants viendront occuper le berceau de ce conte de fées : Caroline en 1957, Albert un an plus tard, et Stéphanie, la benjamine, en 1965.
Sous le règne de Rainier III, Monaco va acquérir une stature internationale. Les stars s'y bousculent. Les événements mondains et sportifs s'y multiplient : bal de la rose, Grand Prix de formule 1, gala de la Croix-

Les cinquante ans du grand-duc Henri sous le signe du Télévie

SURPRISE pour tous les amateurs de spectacle et de générosité venus accueillir le train du Télévie, ce 16 avril, en gare de Luxembourg : casqués et habillés de cuir des pieds à la tête, le grand-duc Henri, la grande-duchesse Maria Teresa et leur fils le prince Felix sortent à moto du palais de Luxembourg. Direction : la gare. A peine reconnaissables, ils prennent la tête du cortège de motards qui participent à l'opération. Une façon originale pour le grand-duc de fêter son cinquantième anniversaire et de joindre l'utile (son engagement personnel dans la lutte contre la leucémie) à l'agréable (sa passion pour les gros cubes) ! Monté sur le podium d'animation, Henri de Luxembourg aura même droit à quelques bises et à un « Joyeux anniversaire ! » repris en chœur par la foule, avant de siffler le départ du train Télévie vers la Belgique.

Le pape Benoît XVI inaugure son pontificat

ÉLU LE 19 AVRIL par le Collège des cardinaux, le pape Benoît XVI a inauguré son pontificat le 24 avril sur la place Saint-Pierre de Rome. Une fois encore, tout le Gotha européen avait fait le déplacement aux côtés des souverains espagnols et luxembourgeois, le roi Carl-Gustav de Suède, mais aussi le nouveau souverain de Monaco, Albert II. Le prince Philippe et la princesse Mathilde représentaient la Belgique. Ils ont ainsi pu rencontrer le nouveau pape et baiser l'anneau du Pécheur qu'il venait de recevoir.

Jubilé d'argent pour la reine Beatrix

COMME CHAQUE ANNÉE le 30 avril, les Pays-Bas ont célébré la fête de leur souveraine, marquée cette fois par son jubilé d'argent. Il y a vingt-cinq ans, la reine Beatrix avait été couronnée après l'abdication surprise de sa mère la reine Juliana. Depuis, sa popularité n'a cessé de croître. Une fois encore, les Hollandais ont saisi cette occasion pour venir en masse l'acclamer aux côtés de ses fils et de ses belles-filles. Au programme : danses, spectacles et traditionnel jeu du pain d'épices, auquel s'est prêté de bonne grâce le prince héritier Willem-Alexander.

Baby-boom dans les royaumes scandinaves

LE 25 AVRIL, des communiqués officiels nous apprenaient que deux princesses héritières attendaient un heureux événement. Au Danemark, le prince héritier Frederik et la princesse Mary ont annoncé la naissance de leur premier enfant pour le mois d'octobre. Pourtant, pendant leur long périple en Australie, au Japon et en Thaïlande, la princesse Mary n'avait jamais paru aussi svelte. Au Danemark, le peuple se réjouit, l'avenir de la dynastie est assuré, le bébé sera un futur roi ou une future reine. Pas très loin de là, en Norvège, le prince héritier Haakon et la princesse Mette-Marit ont fait savoir qu'ils attendaient leur deuxième enfant pour le mois de décembre. *«La grossesse est tellement visible que nous sommes obligés de l'annoncer si tôt»*, a précisé la future maman.

Mai

LE MOIS DE MAI 2005 sera encore placé sous le signe du baby-boom chez les princesses, avec l'annonce très attendue d'un premier enfant en novembre pour les héritiers de la Couronne espagnole. La nouvelle est tombée peu avant leur premier anniversaire de mariage, alors que les méchantes langues disaient la princesse Letizia épuisée et déprimée.

Désormais, quatre princesses héritières du Gotha européen s'apprêtent à accueillir un nouveau-né : deuxième enfant au mois de juin pour la princesse Maxima des Pays-Bas, troisième enfant pour la princesse Mathilde fin septembre, premier enfant en octobre chez les héritiers du trône danois et deuxième enfant chez ceux du trône norvégien.

À toutes, la maternité semble réussir. Princesses modernes, les futures mamans ne veulent pas renoncer à leur agenda chargé. On les verra encore sur tous les fronts, prêtes à remplir leur devoir. L'avenir des dynasties européennes semble assuré et 2005 s'inscrira ainsi en lettres d'or dans les manuels d'histoire : deux futurs rois ou reines naîtront cette année, respectivement en Espagne et au Danemark.

Letizia d'Espagne donnera un héritier à la couronne espagnole au mois de novembre.

Le roi commémore les soixante ans de l'armistice

EN PRÉSENCE DE TROIS CENTS VÉTÉRANS et de trois cents jeunes, le roi dépose, en ce 8 mai, une imposante couronne de fleurs au pied du soldat inconnu. Soixante ans après la fin du conflit mondial, le devoir de mémoire demeure plus que jamais une priorité pour le souverain. Le « Chant des partisans », le passage du flambeau entre les anciens et les jeunes, un lâcher de ballons aux couleurs de la Belgique : autant de symboles, lors de cette émouvante cérémonie, pour garder l'espoir d'un monde sans guerre. Le roi s'entretiendra ensuite, sur les pelouses du Parlement, avec les anciens combattants et des représentants de la jeune génération.

La reine Fabiola encourage la musique

PLUSIEURS MEMBRES DE LA FAMILLE ROYALE ont suivi le Concours international Reine Elisabeth, consacré cette année au violon. La plus assidue était sans conteste la reine Fabiola, qui a assisté à plusieurs demi-finales et finales. Elle a aussi eu la grande joie de remettre le deuxième prix à Yossif Ivanov, un Belge d'origine bulgare âgé de 18 ans. Après avoir étudié à la Chapelle musicale Reine Elisabeth à Waterloo, le jeune violoniste remporte ainsi le meilleur score jamais obtenu par un Belge dans cette prestigieuse compétition. La reine Fabiola n'en a pas oublié pour autant de poser entourée des douze lauréats pour la traditionnelle photo de famille, comme l'avait fait avant elle la reine Elisabeth. C'est en effet la grand-mère du roi Baudouin qui avait guidé les premiers pas de la toute jeune reine dans les coulisses de ce concours musical connu dans le monde entier.

La princesse Astrid aux Special Olympics

C'EST EN RÉGION LIÉGEOISE, à Seraing et au Sart-Tilmant, que la fille du roi encourage les quelque trois mille athlètes handicapés mentaux belges venus concourir dans seize disciplines dont le tennis de table, le judo et l'athlétisme. La princesse assiste aux compétitions, rencontre les athlètes, remet les médailles aux lauréats du sprint en athlétisme, et tire même un penalty avant une partie de floorball, une sorte de hockey. Tout cela avec le sourire et la spontanéité qui la caractérisent.

Le prince Laurent sort du moule

LE PRINCE LAURENT AIME SURPRENDRE, et il y réussit particulièrement, en ce début mai, lors d'une visite au Musée des Sciences naturelles de Bruxelles. Dans le cadre d'une exposition-clin d'œil organisée pour les 175 ans de la Belgique, le fils cadet du roi n'hésite pas, pour honorer un pari tenu par un jeune visiteur de l'expo, à se dissimuler entre les deux valves d'une moule géante ! La photo fera évidemment la une, le lendemain, de plusieurs quotidiens !
Si la moule fait partie depuis des lustres de notre patrimoine gastronomique, on apprendra à cette occasion qu'elle ne figure pas, en revanche, parmi les plats préférés du prince. « Je les préfère dans l'eau plutôt que dans mon assiette ! » déclarera Laurent de Belgique. À défaut d'aimer les moules, le prince avait manifestement la frite, ce jour-là !

Les prix Fondation Reine Paola décernés au Palais royal

AMBIANCE À LA FOIS SOLENNELLE ET LUDIQUE, le 25 mai au Palais de Bruxelles, pour la remise des 9es Prix pour l'enseignement de la Fondation Reine Paola. Ces prix récompensaient cette année le dynamisme et l'esprit inventif de certains enseignants dans le domaine des sciences, des mathématiques et de la technologie, « une clé pour notre avenir ». Le premier prix en Communauté française, d'une valeur de 6 200 € est attribué à une institutrice de l'école de la Sainte Famille, à Vierset-Barse, près de Huy. Celui de la Communauté germanophone va à une enseignante de l'athénée royal d'Eupen.
Mais cette cérémonie sera surtout marquée par la transformation du palais royal en terrain d'expériences scientifiques, pour la plus grande joie d'Albert II, passionné par la chose. Une tradition de famille. Le roi essaie d'ailleurs un Segway, ou techno-vélo : un deux-roues qui peut atteindre 20 km/h.

Matinée à la ferme pour le prince Philippe

CE N'EST PAS SEULEMENT pour apprécier les bienfaits de la vie à la campagne que le duc de Brabant se rend à Landenne en ce mois de mai. C'est aussi et surtout pour y encourager les échanges linguistiques. La ferme du Chant d'oiseaux y accueille en effet pour une semaine des élèves de 5e primaire de Mettet (Wallonie) et de Lier (Flandre). Le projet « Trèfle » du Fonds Prince Philippe soutient ce type d'activités qui permet aux jeunes des différentes communautés linguistiques de mieux se comprendre et s'apprécier. Fabrication de jus de pomme artisanal, parcours d'obstacles, «death ride», pont de singe : tout ici concourt à souder les équipes, et toujours dans les deux langues. Le prince Philippe partagera leurs activités, allant jusqu'à regagner la ferme-château dans la remorque où avaient pris place tous les jeunes écoliers.

Albert II et le grand-duc Henri à Stockholm sur les traces de la reine Astrid

CE 27 MAI, le roi et la reine inaugurent dans la capitale suédoise une exposition entièrement consacrée à la mère du souverain. Elle regroupe une centaine d'objets des cours royales belge et suédoise. La reine Astrid, épouse du roi Léopold III, aurait eu cent ans, le 17 novembre de cette année. Et le 29 août, on commémorera le 70e anniversaire de sa disparition tragique, à Kussnacht, en Suisse. Une année doublement importante, donc, pour évoquer la mémoire de cette reine devenue mythique dans le cœur des Belges.

La visite de cette exposition à Stockholm procurera au roi Albert II quelques moments d'émotion, lui qui a très peu connu sa mère : il n'avait que quatorze mois au moment de son décès. Sont également présents : la princesse Astrid et le grand-duc Henri du Luxembourg, dont la reine Astrid est aussi la grand-mère. Auparavant, ils auront assisté en compagnie des souverains suédois et de la reine Sonja de Norvège, à un concert reproduisant les mêmes morceaux de musique que ceux joués le jour du mariage d'Astrid et Léopold III à Stockholm.

La princesse Letizia bientôt maman

À L'OCCASION de leur premier anniversaire de mariage, le 8 mai, les princes des Asturies ont fait savoir qu'ils attendaient un heureux événement. En novembre, la princesse Letizia donnera un héritier à la Couronne espagnole. Dès l'annonce de la nouvelle, les princes ont été inondés de cadeaux, notamment lors de leur visite aux îles Baléares. L'événement a fait pendant quelque temps la une de tous les quotidiens et de tous les hebdomadaires espagnols. Avec le couple héritier espagnol, c'est toute l'Espagne qui semble attendre le bébé princier.

Un 8 mai unanimement salué dans les monarchies

QUE CE SOIT À LONDRES, Margraten ou Luxembourg, les familles royales se souviennent du 8 mai 1945. La cérémonie la plus impressionnante a lieu au cimetière américain de Margraten, dans le sud des Pays-Bas. En présence de nombreux anciens, mais aussi de nombreux Hollandais, la reine Beatrix et le président américain George Bush rendent hommage sous un ciel menaçant aux 8 300 GI enterrés ici. En 1940, alors qu'elle était encore une petite fille, Beatrix avait dû fuir son pays et se réfugier avec sa famille, au Canada d'abord, puis en Grande-Bretagne. Elle apprécie d'autant plus le sacrifice des libérateurs américains.

À Luxembourg, c'est le grand-duc Jean, 84 ans, qui conduit la cérémonie au monument du souvenir. Lui aussi a connu la guerre. Il a d'ailleurs participé activement à la libération de son pays au sein des troupes alliées.

Le prince Harry débute sa formation militaire

LE 8 MAI, le fils cadet du prince Charles entame sa formation d'officier à l'académie militaire de Sandhurst, en Grande-Bretagne. A vingt ans, le prince Harry s'apprête à passer 42 semaines à la dure. Lever à 5h30, épreuves physiques, montage et démontage d'un fusil d'assaut, assimilation des règles de la vie en groupe, stricte obéissance aux ordres. Comme les 270 autres élèves officiers de sa promotion, Harry n'aura pas le droit de sortir durant les cinq premières semaines de sa formation. Pas de favoritisme, aucun passe-droit, même lorsqu'on est troisième dans l'ordre de succession au trône d'Angleterre.

Visite impériale au royaume de Norvège

C'EST SOUS UNE PLUIE BATTANTE que l'empereur Akihito et l'impératrice Michiko ont entamé une visite d'État en Norvège. Accueillis par la princesse Mette-Marit, ils ont été reçus au palais royal par la reine Sonja et le prince Haakon, régent du royaume pendant la convalescence de son père, le roi Harald V, opéré du cœur à deux reprises début avril, à l'âge de 68 ans. Après avoir parcouru le Musée national des traditions populaires et vu une exposition d'art à Oslo, le couple impérial s'est rendu à Trondheim, où il a visité notamment la cathédrale gothique Nidaros, l'université et le marché aux poissons. Un must quand on se rend dans ce pays.

Juin

CAP SUR L'ORIENT pour la famille royale belge, en ce début d'été. Trois voyages en Asie, ni plus ni moins. Et à chaque fois, des thèmes bien précis et des acteurs différents.

En Chine, le roi Albert II et la reine Paola effectuent la plus longue visite d'État de leur règne. De Pékin à Guilin, ils arpentent un pays en pleine expansion économique. Un pays où ils entendent que la Belgique jouera un rôle important, comme en témoigne le haut niveau de la délégation qui les accompagne : capitaines d'industrie, scientifiques et universitaires de haut vol. Tous s'accorderont à dire que cette visite d'État fut une réussite.

Dans le même temps, le prince Philippe poursuit son inlassable travail de promotion de nos entreprises à l'étranger. Il s'envole seul pour le Japon – son épouse, enceinte de cinq mois, a préféré rester au pays – à la tête d'une importante mission économique. Le prince pourra constater le savoir-faire des Belges déjà présents sur place.

Dernier membre de la famille à prendre la direction de l'Asie en ce mois de juin : la princesse Astrid se rend au Sri-Lanka, puis en Thaïlande pour constater sur place les effets de la générosité du peuple belge au lendemain du terrible tsunami du 26 décembre. Un voyage rempli d'espoir et d'émotion. Émotion face aux récits de ceux qui ont tout perdu. Espoir devant le formidable élan de solidarité qui permet la lente reconstruction de ces pays dévastés.

La reine Paola en promenade sur la grande muraille, lors de la visite d'État des souverains en Chine.

Visite d'État en Chine pour Albert II et Paola

À L'INVITATION DU PRÉSIDENT CHINOIS Hu Jintao, les souverains effectuent en ce début juin la plus longue visite d'État de leur règne. Une semaine en Chine, accompagnés d'une importante délégation économique, scientifique et universitaire. L'enjeu est de taille. Comme de nombreux autres pays occidentaux, la Belgique entend se positionner sur un marché économique, de 1,3 milliard d'habitants, en pleine croissance. Les souverains visiteront cinq villes : Pékin, la capitale, Xian, Shanghai, Suzhou et Guilin. Programme essentiellement culturel et artistique pour la reine : elle visite seule la grande muraille de Chine, sous la pluie, et la Cité interdite en plein chantier de restauration. Elle s'intéresse également de près à l'art contemporain chinois et rencontre de nombreux artistes dans leurs ateliers. Programme plus économique et politique pour le roi : il s'informe sur les prochains Jeux olympiques, qui auront lieu à Pékin en 2008, rencontre les hauts dirigeants chinois, participe à un important séminaire de la FEB, visite des entreprises belges implantées en Chine, comme Janssen Pharmaceutica et Umicore.

Un voyage marqué par le 71e anniversaire du souverain. Le 6 juin, Albert II recevra de nombreux cadeaux de circonstance, comme ce gâteau d'anniversaire offert par le président chinois en personne, lors du dîner de gala. Au menu ce soir-là : *soupe aux ailerons de requin, concombre de mer, morue grillée sauce brune, courges aux coquilles Saint-Jacques*. Le tout arrosé de vins chinois.

Autre temps fort de cette visite d'État, la visite de l'« Armée des soldats de terre cuite », à Xian. Une découverte archéologique majeure du XXe siècle, que le roi Baudouin et la reine Fabiola avaient pu admirer lors de leur visite d'État en Chine, en 1981. Les souverains prendront de nombreux clichés de ces statues toutes différentes, sculptées il y a plus de 2 200 ans.

Un voyage marqué encore par les petits soucis de dos de notre souverain. Soucis qui ne l'empêcheront pas de mener ce périple à son terme, avec une inoubliable croisière touristique sur le fleuve Li Jian, dont les paysages montagneux ont inspiré de nombreux peintres chinois.

Le prince Philippe, fan de Justine

LE PRINCE PHILIPPE n'a pas voulu manquer la finale femmes du tournoi de Roland-Garros, match remporté par Justine Henin-Hardenne en une heure à peine contre la Française Mary Pierce. Le duc de Brabant a été un des premiers à la féliciter. Comme il l'a dit lui-même, cela méritait bien trois bisous *« à la belge ! »*

Fête inoubliable pour le prince Laurent et la princesse Claire

LE CRÉATEUR DE MODE BELGE Olivier Strelli a célébré en grande pompe le trentième anniversaire de sa griffe. Le prince Laurent et la princesse Claire ont tenu à assister à cette fête inoubliable au cours de laquelle le styliste a présenté sa collection automne-hiver sur le thème « Cosaque urbanisé ». Le couple princier a été le premier à recevoir un morceau du gigantesque gâteau, amené sur un char tiré par deux chevaux au son des Tambours du Bronx. Une soirée « folle », comme on n'en avait jamais vue à Bruxelles.

Le prince Philippe au Japon

C'EST SANS LA PRINCESSE Mathilde que le prince Philippe a présidé une mission économique de six jours au Pays du soleil levant. Un véritable marathon pour le duc de Brabant et la délégation d'entrepreneurs qui l'accompagnait. La première étape les a menés à Nagoya, où ils ont assisté à un séminaire sur le développement durable. Le lendemain, le prince a visité le Pavillon belge de l'Exposition universelle d'Aïchi ; à Tokyo, le prince Philippe s'est rendu dans deux chocolateries belges réputées. Il assista aussi à un défilé où les diamants ont brillé de mille feux et avant de quitter le Japon, l'héritier du trône n'a pas manqué de se rendre au palais impérial afin de saluer l'empereur Akihito et l'impératrice Michiko accompagnés de leur fille, la princesse Sayako. Une vieille amitié lie en effet depuis longtemps la famille royale belge et la famille impériale japonaise.

Nouvelle initiative de la Fondation Prince Laurent

LE PRINCE LAURENT ET LA PRINCESSE CLAIRE ont inauguré le premier espace pour animaux dans une structure hospitalière à la clinique Edith Cavell à Bruxelles. Le projet Oasis, financé par la Fondation du prince, permet aux personnes hospitalisées de rester en contact avec leurs animaux de compagnie. Une jolie initiative que le prince Laurent espère pouvoir multiplier bientôt dans le reste du pays.

La princesse Astrid sur les plages du tsunami

PRÉSIDENTE DE LA CROIX-ROUGE de Belgique, la fille du roi tenait à constater elle-même sur le terrain les efforts de reconstruction des zones dévastées par le raz-de-marée du 26 décembre dernier en Asie du Sud-Est. Sa visite au Sri-Lanka et en Thaïlande, en compagnie du ministre de la Coopération au développement, s'inscrivait dans cette logique. Après des entretiens politiques à Colombo, capitale du Sri-Lanka, la princesse se rend dans le Sud du pays, dans les régions de Beruwala, Pelena et Mirissa. Elle remarque que les travaux de déblaiement des décombres sont toujours en cours. La population est souvent relogée dans des constructions provisoires.

Après le tsunami, le peuple belge avait fait preuve d'une générosité exemplaire. La princesse a pu vérifier que les dons effectués avaient été utilisés à bon escient. Ils ont notamment permis la construction de nouvelles maisons. La Croix-Rouge et les forces armées belges ont activement collaboré dans ce domaine avec les autorités locales. Astrid inaugure ainsi neuf des cinq cents maisons prévues par la Croix-Rouge de Belgique pour reloger des familles qui ont tout perdu. Au total, au Sri-Lanka, le tsunami a causé la mort de 31 000 personnes. Malgré l'aide internationale, la princesse doit se rendre à l'évidence : beaucoup de choses restent à faire sur place, six mois après le drame, et la détresse humaine est encore immense. Mère de cinq enfants, Astrid ne peut que s'émouvoir devant cette famille rencontrée au hasard de sa route, et dont l'enfant ne peut être soigné correctement, faute d'argent et de médicaments. La princesse terminera son voyage en Thaïlande, autre pays dévasté, où elle s'entretiendra avec la princesse Sirinthorn, fille du roi Bhumibol, qui préside comme elle la principale organisation humanitaire de son pays.

Avril

MOIS TOUT EN CONTRASTES, avril emporte avec lui deux grandes figures : à quelques jours d'intervalle, le monde enterre deux chefs d'État : l'un était prince souverain, l'autre souverain pontife. Rainier III et Jean-Paul II avaient en commun cette foi profonde qui peut soulever bien plus que des rochers à Monaco, que des collines à Rome. Ils régnaient aussi de longue date sur deux des plus petits États de la planète. Tous deux animés d'un sens commun du devoir, ils n'ont pas ménagé leur peine pour faire aboutir leurs idéaux. Le pape pèlerin achève donc en ce mois d'avril son dernier voyage. Le prince bâtisseur pose l'ultime pierre d'un immense édifice, entamé quelque cinquante-cinq ans plus tôt : la transformation de Monaco en un État moderne, ancré de plain-pied dans le XXIe siècle.

Avril qui pleure, à Rome et à Monaco. Avril qui sourit enfin pour Charles et Camilla. Le samedi 9 avril, le prince de Galles épouse celle qui a toujours été présente en filigrane dans sa vie amoureuse. Une longue idylle secrète enfin officialisée au grand jour. Un mariage reporté d'un jour, pour cause de funérailles papales auxquelles assiste Charles d'Angleterre. Un mariage quasiment banni par le Gotha européen, et qui n'attirera pas non plus la grande foule dans les rues de Windsor. Il en faut plus pour émouvoir les flegmatiques sujets de Sa Gracieuse Majesté. Plus qu'une passion, pourtant longue de près de trente-cinq ans…

L'adieu au prince Rainier III de Monaco.

Le roi et la reine s'engagent contre l'intolérance

ALBERT II AVAIT REÇU le 12 janvier dernier au Palais de Bruxelles le patron de la société Remmery, Rik Vannieuwenhuyse, et son employée marocaine Naïma Amzil. Le roi avait été choqué par les lettres de menaces envoyées au patron de cette entreprise spécialisée dans les plats préparés pour le secteur Horeca. On lui reprochait d'avoir embauché une musulmane portant le voile. Albert II avait été impressionné par la volonté de M. Vannieuwenhuyse de ne pas céder à ces menaces de mort. Une semaine après la huitième lettre de menaces, le roi et la reine ont visité ensemble l'usine Remmery à Ledegem, près de Courtrai. Un geste fort pour illustrer la volonté de la famille royale de faire cohabiter harmonieusement dans notre pays toutes les communautés qui le composent.

Le prince Philippe et la princesse Mathilde à Washington

LA PRINCESSE MATHILDE accompagne le prince Philippe dans la capitale des États-Unis, en cette fin avril. Une visite de travail qui les emmène notamment à la Banque mondiale, où ils auront une série d'entretiens sur la pauvreté, l'éducation, la santé, ou encore la lutte contre le sida. La princesse prononce un discours en faveur du micro-crédit, à l'université de Georgetown. Elle visite aussi Gallaudet, la seule université au monde conçue pour les sourds et malentendants. Le prince Philippe de son côté rend hommage aux 400 000 soldats américains morts au combat durant la Seconde Guerre mondiale, en déposant une couronne au pied du monument qui leur est dédié.

Nouvelle naissance en vue chez les ducs de Brabant

LE PRINCE PHILIPPE ET LA PRINCESSE MATHILDE ont passé les vacances de Pâques avec leurs enfants dans la station de sports d'hiver suisse de Verbier. La princesse Elisabeth a pu ainsi effectuer ses premières descentes à ski avec son père. Un papa gâteau, qui a profité de ces quelques jours de congé pour jouer aussi avec son fils, le prince Gabriel. Si la princesse Mathilde participait à leurs jeux, elle ne skiait pas, et pour cause. Quelques jours plus tard, à l'occasion du 45e anniversaire du prince Philippe, un communiqué du Palais annonçait officiellement que les ducs de Brabant attendaient un troisième enfant pour le début de l'automne.

Premières Floralies pour la princesse Louise

AVANT DE VISITER les trente-troisièmes Floralies gantoises, la princesse Claire a baptisé une nouvelle variété d'azalée, qui porte désormais son nom. Elle est venue en famille avec le prince Laurent et leur fille Louise. Ensemble, ils ont parcouru la prestigieuse exposition en se mêlant à la foule. La petite princesse, qui commence à marcher, a séduit tout le monde par son enthousiasme et ses sourires. À ceux qui les applaudissaient, Louise répondait en battant des mains et si un enfant l'approchait, elle lui offrait immédiatement un bisou, sous le regard amusé de ses parents. Toute la spontanéité de son père !

Le prince Laurent chez les «Rouches»

LE 30 AVRIL, au stade de Sclessin, le prince Laurent donne le coup d'envoi du match de championnat de division 1 entre le Standard et Saint-Trond. S'il a accepté ce geste, c'est pour marquer sa solidarité avec le petit Dylan, dix ans, fils d'une des victimes de l'explosion de Ghislenghien. Le prince assistera à la rencontre à ses côtés, dans la tribune d'honneur. A-t-il porté chance au Standard ? Le score de 4-1 pour les «Rouches» pourrait en attester...

Adieu planétaire à Jean-Paul II

APRÈS VINGT-SIX ANS DE PONTIFICAT et une agonie rendue publique, le pape Jean-Paul II, le saint-père le plus charismatique du XXe siècle, est mort le 2 avril à l'âge de 84 ans.

Quelques jours plus tard, le 8 avril, sur la place Saint-Pierre de Rome, deux millions de croyants, mais aussi une centaine de chefs d'État ou de gouvernement assistent aux funérailles historiques de ce pèlerin énergique et infatigable voyageur.

Comme les présidents des États-Unis, de France, d'Iran et d'Israël, de nombreux souverains, princes et princesses ont rendu un ultime hommage à Jean-Paul II. Parmi eux, le roi Albert II et la reine Paola, les souverains espagnols et danois, la reine de Norvège, mais aussi le prince de Galles qui a repoussé d'un jour son mariage avec Camilla. Sous un ciel incertain, les bourrasques de vent soulèvent les pages du livre des Évangiles posé sur le simple cercueil en bois, sans fleurs ni couronnes. Durant plus de trois heures, le cardinal Josef Ratzinger préside la messe en plein air. Après l'absoute, l'émotion est palpable lorsque la dépouille est reconduite vers la basilique Saint-Pierre. À ce moment-là, des cris s'élèvent : «Santo subito !» Les pèlerins appellent à la canonisation immédiate du pape Jean-Paul II.

« Reconnaissons nos transgressions dans la pénitence et dans la foi. »

Mariage romantique pour l'héritier du trône britannique

ENFIN, ILS SE SONT DIT « I do ». Le 9 avril, après trente-quatre ans d'idylle contrariée, le prince Charles a épousé sa compagne Camilla Parker-Bowles au cours d'une brève cérémonie civile à la mairie de Windsor. A 56 ans, l'héritier du trône du Royaume-Uni officialise ainsi son amour pour celle qui porte désormais le titre de duchesse de Cornouailles. Après la cérémonie civile, c'est en présence de la reine Elisabeth II et du duc d'Edimbourg que sera célébrée la bénédiction nuptiale dans la chapelle Saint-Georges du château de Windsor. Vêtue d'une robe et d'un manteau long signés Robinson Valentine, Camilla, émue, remonte la nef aux côtés du prince Charles au son d'une toccata de Bach. L'archevêque de Canterbury fera une courte allusion aux précédentes unions des deux convolants : *« Reconnaissons nos transgressions dans la pénitence et dans la foi »*, déclarera-t-il devant le couple agenouillé devant lui. À l'issue de la cérémonie, qui ne manquait pas de romantisme, Elisabeth II offre un de ses rares sourires. La nouvelle duchesse de Cornouailles fait désormais partie de la famille.

Le rocher de Monaco en deuil

«J'AIMERAIS *qu'on dise de moi que j'ai été un homme respectable et respecté.*» Le « vieux lion » a perdu son dernier combat, en ce matin du 6 avril. Entouré des siens, Son Altesse Sérénissime le prince Rainier III s'est éteint au centre cardio-thoracique de la Principauté. Il avait 81 ans. Une affection broncho-pulmonaire, accompagnée de complications cardiaques et rénales, avait nécessité son hospitalisation quelques semaines plus tôt. Depuis une dizaine d'années, ses ennuis de santé s'étaient multipliés. Ses obsèques auront lieu en présence de dizaines de chefs de gouvernement et de têtes couronnées, dont le roi Albert II. Dans le cortège, Odin, le fidèle griffon du prince, suit pas à pas le cercueil de son maître au son d'une Marche funèbre de Beethoven. Dans la cathédrale, toute la douleur des enfants du souverain disparu se lit sur leur visage, surtout lorsque retentit l'adagio de Samuel Barber. La princesse Caroline ferme les yeux. La princesse Stéphanie cherche le réconfort auprès de son frère, le prince Albert, sur qui repose désormais le destin de la Principauté.

Le « prince bâtisseur » nous quitte donc après 55 ans d'un règne qui lui aura permis de façonner Monaco à son image, celle de la modernité et de l'ouverture sur le monde. Rainier avait succédé le 9 mai 1949 au prince Louis II. Six ans après son accession au trône, le prince, solitaire sur son rocher, rencontre l'actrice américaine

Grace Kelly en marge d'un tournage sur la Côte d'Azur. C'est le coup de foudre. L'égérie d'Hitchcock n'a que 26 ans, mais son éclatante beauté et sa classe naturelle en font déjà une star reconnue dans le monde entier. Le 19 avril 1956, Rainier épouse Grace en la cathédrale de Monaco, devant cinq cents invités et trente millions de téléspectateurs. Trois enfants viendront occuper le berceau de ce conte de fées : Caroline en 1957, Albert un an plus tard, et Stéphanie, la benjamine, en 1965.
Sous le règne de Rainier III, Monaco va acquérir une stature internationale. Les stars s'y bousculent. Les événements mondains et sportifs s'y multiplient : bal de la rose, Grand Prix de formule 1, gala de la Croix-

« J'aimerais qu'on dise de moi que j'ai été un homme respectable et respecté. »

Rouge. Le territoire de la Principauté s'agrandit d'un cinquième grâce aux grands chantiers lancés par Rainier III. Monaco ne sera plus seulement un lieu de villégiature pour milliardaires. La Principauté s'affirme aussi désormais comme un centre d'activités économiques. Clou de cette reconnaissance internationale : Monaco devient en 1993 le 183e État membre de l'Organisation des Nations unies.
Après le décès tragique de la princesse Grace, le 14 septembre 1982, le patriarche consacrera davantage sa vie à sa famille et aux Monégasques, à ses passions comme le golf ou la sculpture.

Photo de famille à Laeken

FACE À LA MULTIPLICATION des naissances ces derniers temps au sein de la famille royale, le Palais sacrifie depuis deux ans à une nouvelle et heureuse tradition : celle de la photo de famille dans le parc du château de Laeken. L'an dernier, pour les septante ans du Roi, les souverains avaient posé avec leurs huit petits-enfants. Cette fois, c'est toute la famille qui se retrouve sur la photo : le roi, la reine, leurs enfants et petits-enfants, et la reine Fabiola. En toile de fond, la roseraie de Léopold II. Sous le chaud soleil de ce début d'été, ce sont les enfants du prince Philippe et de la princesse Mathilde qui se montrent les plus spontanés face aux objectifs. Elisabeth, trois ans et demi, joue les mannequins en herbe en s'allongeant sur un banc. Gabriel, bientôt deux ans, s'avance vers les journalistes d'un air déterminé. Entre les séances de pose, ils batifolent avec leur nurse sur les pelouses fraîchement tondues des jardins de Laeken. Un terrain de jeu quotidien pour les petits princes, qui habitent ici avec leurs parents.

Des jumeaux à la Cour de Belgique

QUELQUES JOURS APRÈS LA PHOTO de famille, le prince Laurent et la princesse Claire ont annoncé la naissance prochaine de jumeaux. La naissance est prévue pour le mois de janvier 2006. Derrière leur grande sœur la princesse Louise, née en février 2004, les bébés seront alors treizième et quatorzième dans l'ordre de succession au trône, en tenant compte de la naissance prochaine du troisième enfant des ducs de Brabant. Une certitude en tout cas : la famille royale devra refaire une session de photos officielles l'année prochaine. Décidément, la Belgique n'est pas en reste dans cette année de baby-boom princier.

Le prince William brillant diplômé

FIN DE PARCOURS pour le fils aîné du prince Charles à l'université de St Andrews, en Écosse. Dix jours avant son vingt-troisième anniversaire, il obtient sa maîtrise de géographie, avec la mention « bien ». Il fait ainsi mieux que son père et que la plupart des membres de la famille royale. Le prince Charles avait été le premier à étudier à l'université, où il avait obtenu un diplôme d'histoire, avec la mention « assez bien ».

Pour William, c'est un tournant important : depuis quatre ans, il menait l'existence de n'importe quel étudiant. Il effectuait lui-même ses courses, vivait dans une maison qu'il partageait avec des amis, puis avec sa petite amie Kate Middleton, elle aussi diplômée de St Andrews cette année. Suite à un accord avec Clarence House, les médias britanniques avaient promis de respecter l'intimité des enfants de la princesse Diana jusqu'à la fin de leurs études. William devra maintenant apprendre à gérer la pression des médias.

Un sixième petit-enfant pour les souverains espagnols

APRÈS TROIS GARÇONS, l'Infante Cristina, fille cadette des souverains espagnols, rêvait d'une fille. Voilà qui est fait. Le 5 juin, alors que son père le roi Juan Carlos assistait à la victoire de Rafael Nadal à Roland-Garros, la princesse a mis au monde une petite Irène. Trois jours plus tard, l'Infante, son bébé dans les bras, quittait la maternité Teknon de Barcelone, accompagnée de son mari Iñaki et de leurs trois fils Juan-Valentin, cinq ans, Pablo-Nicolas, quatre ans, et Miguel, trois ans. Une des familles nombreuses les plus sympathiques du Gotha européen.

La princesse Maxima une nouvelle fois maman

LE DIMANCHE 26 JUIN, la princesse Maxima a mis au monde sans problème une deuxième fille, prénommée Alexia Juliana Marcela Laurentien. Deux heures plus tard, les Néerlandais ont découvert sur les écrans de télévision leur nouvelle princesse dans les bras de son père, le prince Willem-Alexander, très fier. Troisième dans l'ordre de succession au trône après son père et sa sœur Catharina-Amalia, le bébé est aussi le cinquième petit-enfant de la reine Beatrix.

Camilla au balcon de Buckingham

LA NOUVELLE DUCHESSE DE CORNOUAILLES est la vedette de la traditionnelle cérémonie du « Trooping the Colour » marquant officiellement l'anniversaire de la reine Elisabeth, qui fête cette année ses 79 ans. Pour la première fois en effet, l'épouse du prince Charles arrive en calèche sur l'esplanade qui jouxte le palais de Buckingham, en compagnie des princes William et

Edward. Elle assiste en outre au défilé aérien depuis le balcon du palais, saluant la foule aux côtés de son époux. La maîtresse, devenue épouse, du prince héritier de la couronne d'Angleterre fait désormais partie intégrante de la famille royale. Elle a d'ailleurs multiplié, depuis son mariage au mois d'avril, les apparitions officielles en compagnie du prince Charles, et parfois même en solo.

Juillet – Août

EN CE DÉBUT D'ÉTÉ, le Royaume-Uni, sa famille royale et le monde entier sont sous le choc des terribles attentats de Londres. Quatre bombes explosent à l'heure de pointe dans les transports en commun de la capitale britannique. Elles font 56 morts et plus de 700 blessés, dont 350 sont hospitalisés. Les Windsor se mobilisent immédiatement pour réconforter les nombreuses victimes et condamner avec force le terrorisme. Une condamnation que la reine prononce sans mâcher ses mots, quelques heures à peine après les attentats. Le prince William effectue au même moment son premier voyage officiel en solo en Nouvelle-Zélande pour apprendre le dur métier de roi, ses études à peine terminées. Là, aux antipodes, il assiste à un service religieux au cours duquel toute l'assemblée se recueille pour les victimes des attentats. Un peu plus tard, le prince William signera un livre de condoléances au consulat britannique d'Auckland. Il y écrira : « *Nos pensées et nos prières vont à toutes les victimes et à leurs familles.* »

Le roi Albert II entame son discours traditionnel à l'occasion de la fête nationale en évoquant le drame vécu quelques jours auparavant dans la capitale britannique. « *Ces actes barbares constituent des agressions contre les valeurs fondamentales de nos sociétés démocratiques* », déclare le roi. Mais ce 21 juillet, c'est aussi l'apothéose des 175 ans de la Belgique et des 25 ans du fédéralisme. Durant plusieurs jours, les membres de la famille royale se mobilisent pour participer aux nombreuses festivités organisées dans tout le pays. Lors du traditionnel défilé militaire, dans la tribune royale tout le monde regarde avec admiration et émotion le prince Amedeo, le fils aîné de la princesse Astrid et du prince Lorenz qui parade pour la première fois avec les autres élèves de l'École royale militaire. Le soir, c'est dans la liesse générale que le roi et le Premier ministre soufflent, avec les présidents des régions et des communautés, les bougies d'un immense gâteau. Une célébration avec tous les Belges avant des vacances bien méritées.

Le prince William, en Nouvelle-Zélande,
lors de son premier voyage officiel en « solo ».

Le prince Amedeo, vedette du défilé du 21 juillet

21 juillet

C'EST VERS LUI que tous les regards se tournent, en ce jour de fête nationale : le fils aîné de la princesse Astrid, âgé de 19 ans, fait partie des 1 500 soldats qui défilent devant un public nombreux, estimé à 100 000 personnes, et épargné pour une fois par la drache nationale. Dans la tribune royale, sourire et fierté saluent le passage du jeune prince. Les applaudissements sont aussi nourris pour lui que pour les anciens combattants qui défilent pour la dernière fois. Amedeo achève son année de formation à l'École royale militaire, au sein de la 144e promotion « Sciences sociales et militaires ». Une année conclue par l'obtention du brevet B de commando, fin juillet à Marche-les-Dames.

Il sera promu ensuite au grade d'« adjudant candidat officier », avant d'entamer en septembre des études universitaires à la London School of Economics.

Dans son discours à la veille de la fête nationale, le roi avait mis en avant la volonté d'unité, de tolérance, de dialogue, de solidarité et d'ouverture au monde manifestée par la grande majorité des Belges en cette année 2005. Des valeurs qui inspirent confiance à Albert II dans notre avenir.

Mais le présent, en ce 21 juillet, ce sont aussi les nombreuses activités organisées dans le centre de la capitale à l'issue du défilé. La princesse Astrid et sa famille participent à des épreuves sportives dans le parc de Bruxelles.

Le prince Philippe et la princesse Mathilde se rendent près de la Colonne du Congrès pour visiter les stands de la Défense. Surprise dans la foule : cette fois, ils ont emmené avec eux leurs enfants ! C'est la première activité officielle pour Elisabeth et Gabriel, et le public se bouscule pour voir les petits princes. Gabriel essaie tout : le poste de pilotage d'un chasseur F-16, le siège passager d'un hélicoptère ou encore le volant d'une voiture de course, un peu plus loin sur l'esplanade de la Cité administrative. Les princes achèveront cette promenade en famille au rez-de-chaussée de la Cité administrative, en testant certains des musts de la gastronomie belge, comme la « tarte à l'djote » et les « croquettes de crevettes ».

Spectacle

Le soir, les souverains et leur famille assistent au spectacle qui marque la fin des festivités en l'honneur des 175 ans de la Belgique et des 25 ans du fédéralisme. Une péniche traverse la place Rogier, à Bruxelles. Le spectacle conçu par « Monsieur Zo » fait la part belle à la poésie : il touche l'imaginaire d'un public conquis.
A la fin du spectacle, roi et ministres battent des mains au son de la chanson « Ik hou van u, je t'aime tu sais », le véritable hymne de ces fêtes. Et Albert II de joindre le geste à la parole, en adressant un tendre baiser à son épouse, à peine rafraîchi par une pluie fine et persistante.

Les ducs de Brabant ouvrent la Foire du Midi

ON LES ESPÉRAIT AVEC LEURS ENFANTS, mais c'est pourtant seuls qu'en cette avant-veille de fête nationale, le prince Philippe et la princesse Mathilde inaugurent la Foire du Midi à Bruxelles. La Foire fête cette année ses 125 années d'existence, et le couple princier a bien l'intention d'en profiter : Philippe et Mathilde s'arrêtent quasiment à chaque attraction, goûtant tantôt une crêpe au chocolat, tantôt un paquet de frites sauce mayonnaise. Mais ils essaient également certains métiers de la Foire : un petit tour à deux sur le manège des chevaux de bois. Une balade tout seul dans le train-fantôme pour le prince Philippe, heureusement peu impressionnable, aux dires de son épouse, enceinte de six mois.
Les ducs de Brabant repartiront les bras chargés de peluches, offertes ou gagnées par le prince Philippe dans les jeux d'adresse. Ils emporteront aussi un cheval de bois offert par l'association des forains, pour les enfants.

Vacances familiales aux « Romarins »

APRÈS UNE CROISIÈRE au large des côtes italiennes, le roi Albert et la reine Paola retrouvent le prince Philippe, la princesse Mathilde et leurs enfants en provenance du Portugal, dans le Sud de la France. Les souverains y possèdent en effet une propriété à Châteauneuf de Grasse où ils aiment goûter aux joies du farniente. Là, c'est en simples touristes qu'ils vont faire leur marché ou qu'ils se rendent en famille à l'église du village, comme le jour de l'Assomption.
Quelques jours auparavant, le prince Laurent, la princesse Claire et leur petite fille Louise, ont aussi passé une semaine aux « Romarins ». Quant à la princesse Astrid et au prince Lorenz, comme ils le font régulièrement, ils se sont rendus avec leurs enfants loin de la foule dans la région des Pouilles, en Italie. Au programme : ski nautique pour les plus intrépides et natation pour les autres.

Hommage royal à la reine Astrid et au prince de Ligne

LE 29 AOÛT 1935, la reine Astrid de Belgique, âgée d'à peine trente ans, perdait la vie dans un accident de voiture sur les bords du lac des Quatre-Cantons, en Suisse.

Septante ans plus tard, en ce samedi 27 août, une messe anniversaire honore sa mémoire en l'église Notre-Dame de Laeken, qui abrite son tombeau, en présence de la reine Fabiola. Le matin même, la reine avait participé, à Beloeil, aux funérailles du prince Antoine de Ligne, décédé six jours plus tôt à l'âge de 81 ans.

Le 31 juillet, la reine Fabiola était également présente à la messe d'hommage à son défunt époux le roi Baudouin, en l'église de Laeken.

Fabiola

« Des atrocités telles que celles-ci ne font que renforcer notre sens de la communauté, notre humanité, notre confiance dans l'autorité de la loi. Les terroristes ne changeront pas notre mode de vie. »

Les Windsor au chevet des blessés des attentats de Londres

PROFONDÉMENT CHOQUÉE PAR LES ATTENTATS qui ont secoué Londres le 7 juillet, la famille royale britannique s'est mobilisée pour soutenir les victimes des quatre bombes qui ont explosé à l'heure de pointe dans le métro et dans un bus. Immédiatement le drapeau a été mis en berne sur le palais de Buckingham. La reine Elisabeth II, comme son Premier ministre, a réagi fermement : *« Des atrocités telles que celles-ci ne font que renforcer notre sens de la communauté, notre humanité, notre confiance dans l'autorité de la loi. Les terroristes ne changeront pas notre mode de vie. »*

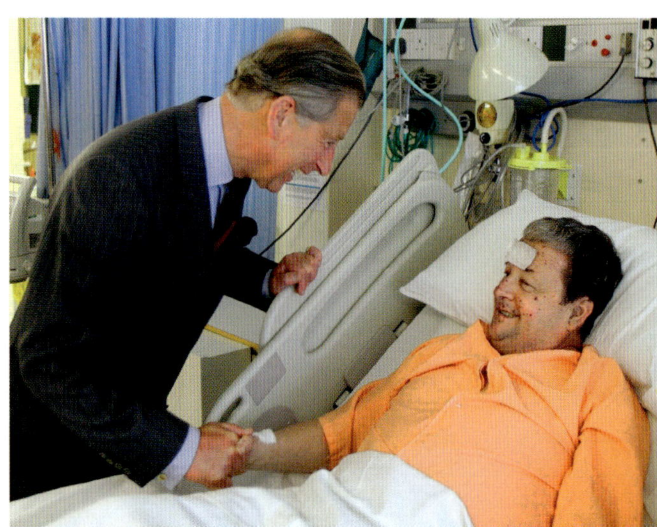

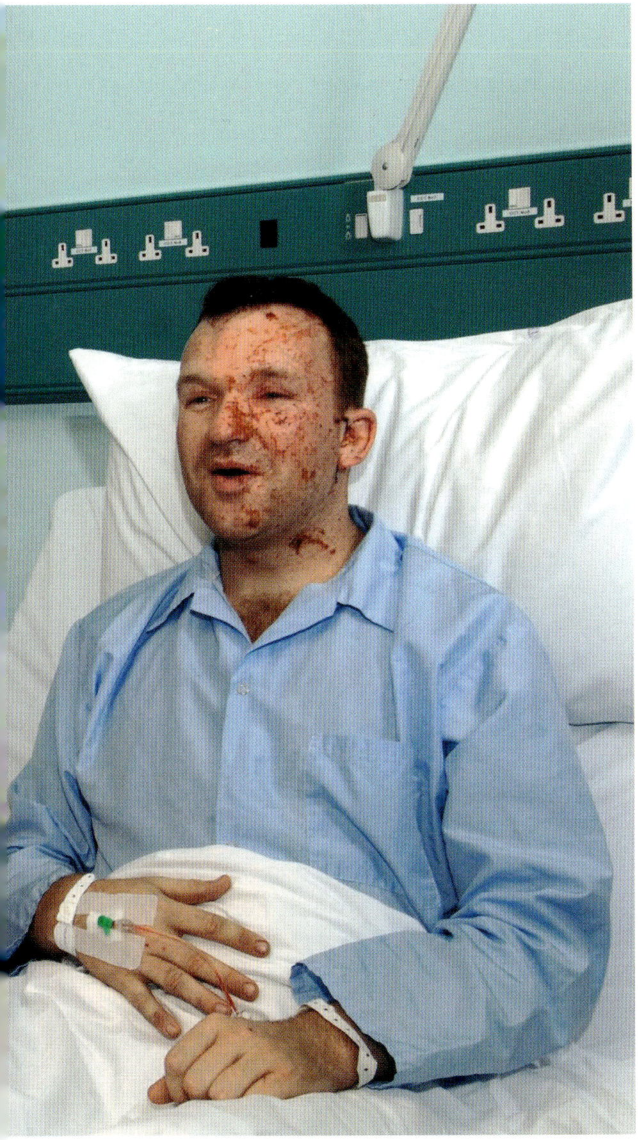

La souveraine s'est ensuite rendue au chevet des rescapés au Royal London Hospital alors que le prince Charles et la duchesse de Cornouailles visitaient les blessés du St Mary Hospital. Tous voulaient ainsi témoigner leur soutien aux victimes et à leur famille. Un retour brutal à la réalité pour la Grande-Bretagne qui célébrait la veille la joie d'héberger les Jeux olympiques de 2012.

Sans-faute pour le prince William

TOUT JUSTE DIPLÔMÉ de l'université, le prince William a entrepris l'apprentissage du dur métier de roi. Se conformant au souhait de sa grand-mère, la reine Elisabeth II, il a effectué sa première visite officielle en solo en Nouvelle-Zélande. Là, durant onze jours, le fils aîné du prince Charles a séduit tout le monde : les derniers vétérans néo-zélandais en déposant une couronne de coquelicots pour commémorer la fin de la Seconde Guerre mondiale, les enfants malades en visitant l'hôpital d'Auckland, toute l'équipe de rugby des Lions en s'entraînant avec elle, le gouverneur-général de la Nouvelle-Zélande et, bien sûr, ses nombreuses admiratrices.

Simple et joyeux, le prince William, deuxième dans l'ordre de succession au trône, a prouvé qu'il pouvait s'adapter à toutes les situations avec une aisance incroyable. Voilà qui devrait ravir la reine Elisabeth II. L'avenir de la dynastie semble assuré.

Monaco fête son nouveau souverain

LE 12 JUILLET, trois mois après le décès de son père, le prince Rainier, Albert II de Monaco, nouveau souverain de la principauté est intronisé officiellement. Les festivités dureront toute la journée. Après une messe en la cathédrale Notre-Dame, et la bénédiction de l'archevêque de Monaco, une gigantesque garden-party rassemble les 7 500 vrais Monégasques, place du Palais, sur le rocher. Pas de trace toutefois du petit Alexandre, ce fils dont le prince vient de reconnaître officiellement la paternité quelques jours plus tôt.

Il est un peu plus de 19 heures quand le prince apparaît sur une vaste estrade, au milieu de son peuple, sous les ovations. Albert II reçoit du maire de Monaco les clés de la ville, ainsi qu'une peinture et une sculpture de Georges Braque, cadeaux des habitants de Monaco.

Le discours du nouveau souverain, entouré de sa famille, préfigure le futur visage de la principauté : pour Albert II, Monaco doit devenir un pôle de référence dans le domaine financier et dans la défense de l'environnement, mais aussi un lieu de

« Comme le disait le Prince Rainier, mon père : "souvenons-nous qu'il n'est pas nécessaire d'être un grand pays pour avoir de grands rêves ni d'être nombreux pour les réaliser." »

réflexion et de création, un haut lieu du sport et de la médecine sportive. « Depuis longtemps j'ai rêvé d'un pays qui fonctionnerait comme un modèle dans toutes ses dimensions. Un pays producteur de modèles », ajoute le prince. Comme son père le prince Rainier, Albert II de Monaco nourrit de grandes ambitions pour son pays. Mais comme il le souligne en conclusion : *« Toute puissance est faible, à moins d'être unie. »*

Après un bain de foule de plus d'une heure et un concert de musique classique dans la cour du palais, le prince rejoint à pied le port de Monaco à la nuit tombée, entouré de ses sœurs, les princesses Caroline et Stéphanie suivies de leurs enfants. Avec les 26 000 résidents de la principauté, ils participeront jusqu'à trois heures du matin à un gigantesque bal populaire. Pas de doute : à Monaco, on a le sens de la fête !

Le premier été d'Alexia des Pays-Bas

EN CE 17 JUILLET, c'est dans les bras de sa mère que la deuxième fille du prince Willem-Alexander et de la princesse Maxima se présente à la presse dans le domaine d'Eikenhorst, près de La Haye. C'est là, avec sa grande sœur Amalia, qu'elle passera une partie de l'été dans la demeure de ses parents. Comme Amalia, elle pourra y goûter aux joies de la nature, des balades en forêt, du chant des oiseaux qui habitent le parc. A presque deux ans, la fille aînée des princes héritiers, et future reine des Pays-Bas, grandit en sagesse, laissant apparaître de jolies boucles blondes sur un visage volontaire : Amalia ne craint pas les photographes. Elle compte déjà jusqu'à quatre dans les deux langues (le néerlandais de son père et l'espagnol de sa mère). Et elle adore les animaux. Leurs vacances les conduiront notamment en Italie, dans la propriété que possède la reine Beatrix à Tavarnelle, en Toscane.

Disparition du roi Fahd d'Arabie saoudite

LE ROI FAHD D'ARABIE SAOUDITE, âgé de 84 ans, est décédé le 1er août après une longue agonie. Il régnait depuis 23 ans sur un royaume ultra-conservateur allié des États-Unis, mais qui est aussi la plus riche puissance pétrolière du monde. Victime en 1995 d'une embolie cérébrale, il avait dû abandonner le pouvoir à son demi-frère Abdallah, devenu aujourd'hui le sixième roi de la dynastie. Selon la tradition rigoriste de l'école fondamentaliste wahhabite, la dépouille mortelle du souverain a été inhumée le lendemain, lors d'une brève cérémonie en présence de la seule famille royale. Ce jour-là, de nombreux dignitaires étrangers se sont rendus au palais de Riyad pour présenter leurs condoléances au nouveau roi Abdallah, qui commence son règne à l'âge avancé de 81 ans.

Pizza royale

LA FAMILLE ROYALE ESPAGNOLE passe traditionnellement ses vacances d'été au Palais de Marivent à Palma, la capitale de Majorque, une des îles Baléares. Là, le roi et ses enfants s'adonnent à leur passion pour la voile. C'est également l'occasion pour les souverains de s'occuper de leurs petits-enfants. Pour l'une de leurs dernières soirées de vacances, le roi Juan Carlos et la reine Sofia ont invité dans une célèbre pizzeria de Palma leurs deux filles avec leurs époux et tous leurs petits-enfants à l'exception de la dernière-née, Irène, à peine âgée de trois mois. Autour de la grande table en bois, redevenus de simples grands-parents, les souverains ont commandé des pizzas pour tout le monde, entre deux crises de fous rires. L'année prochaine c'est promis, ils reviendront ! Cette fois sans doute avec les princes des Asturies et leur bébé que toute l'Espagne attend avec impatience.

CRÉDITS PHOTOGRAPHIQUES

© BELGA
p.22, p.29 (en bas), p.29, p.80, p.107 (en bas)

© BOUILLON Patrick (DGIPR)
p.53 (en haut, à droite)

© CROIX-ROUGE DE BELGIQUE
Christophe Smets : p.119

© DEPLANQUE Nicolas (DGIPR)
p.52, p.53 (en haut, à gauche)

© GAMMA
couverture arrière Elisabeth de Belgique,
p.15 (gauche), p.19 (en bas), p.25 (en haut),
p.32, p.34 (en bas), p.41 (en bas), p.44, p.46,
p.47, p.57 (en bas), p.68, p.74 (en bas),
p.78 (en haut), p.82 (en bas), p.86, p.88-89,
p.90, p.92, p.93 (au centre), p.98,
p.103 (en haut), P.106 (en haut), p.108 (à droite),
p.115, p.118, p.122 (en haut), p. 126-127, p.141

© ISOPIX
p.29, p.33, p.31, p.33 (en bas)

© LUXPRESS EuropeanPressPhotoAgency
couverture avant : Mette-Marit, p.6,
p.18 (en bas), p.20-21, p.40 (en haut),
p.53 (en bas à droite), p.59 (en bas), p.61,
p.62- p.63, p.70, p.78 (en bas), p.95,
p.102 (en haut), p.109, p.110 (en haut),
p.111 (en haut)

© PHOTONEWS
couverture : photo Maxima des Pays-Bas,
p.8, p.12 (droite), p.15 (droite), p.16-17,
p.25 (en bas), p.26, p.27, p.30,
p.38 (en haut et au centre), p.39,
p.41 (en haut), p.50, p.51 (au centre et au bas),
p.54, p.57 (en haut), p.58, p.67, p.71,
p.74 (en haut), p.75, p.76-77, p.79,
p.82 (en haut), p.83, p.93 (en haut et en bas),
p.94 (en haut), p.96 (en haut), p.103 (en bas),
p.104, p.106 (en bas), p.107 (en haut),
p.108 (à gauche), p.110 (en bas), p.122 (en bas),
p.126 (petite photo), p.127 (petite photo),
p.136 (en bas), p.138 (en bas), p.139, p.140,
p.142 (en haut)

© REPORTERS
couverture (photo Letizia d'Espagne,
photo Mathilde de Belgique, photo Mary de
Danemark, p.5, p.10-11, p.13, p.14, p.18, p.19, p.24,
p.28, p.33 (en haut), p.34 (en haut), p.35,
p.36, p.38 (en bas), p.40 (en bas), p.42, p.43,
p.45, p.48, p.51 (en haut), p.56, p.59 (en haut),
p.64 (en haut), p.65, p.66, p.69, p.72, p.84-85,
p.87, p.94 (en bas), p.96 (en bas), p.97, p.99,
p.100, p.102 (en bas), p.103 (au centre),
p.111 (en bas), p.112, p. 114, p.116, p.117, p.120,
p.123, p.124, p.125, p.128, p.130, p.131,
p.132-133, p.134-135, p.136 (en haut), p.137, p.138-139, p.142 (en bas), p.143

© RTL-TVI
photos des auteurs, p.9 photos des dix ans
de l'émission « Place Royale »

© THEYS Christian (DGIPR)
p.55

© VOLKAERTS DANNY / ERM
p.12 (à gauche)

NOTE DE L'ÉDITEUR
Lorsqu'aucun détail n'est donné quant
à l'emplacement de la photo, cela signifie que
soit la photo est seule sur la page, soit que
les différentes photos émanent de la même source.

ACHEVÉ D'IMPRIMER EN OCTOBRE 2005
SUR LES PRESSES DE L'IMPRIMERIE
GRENZ-ECHO (BELGIQUE)